越野跑

葛海标——著

从0到100

机械工业出版社
CHINA MACHINE PRESS

近年来，随着越野跑赛事的风靡，越来越多的跑者加入到这项赛事中，而你真的了解这项小众运动吗？越野跑到底是什么？参加越野跑需要准备什么？如果你对越野跑的世界充满种种疑问，也许你可以通过翻开这本书来找到答案。

《越野跑：从0到100》是越野跑爱好者的全面指南，书中不仅传授越野跑的基本技巧与训练方法，还深入探讨装备选择、赛事准备、营养恢复及安全知识，助力跑者从入门到精通。本书通过丰富的实战经验和理论讲解，激发越野跑者的潜能，提升应对复杂地形与多变天气的能力。书中还附有多位知名越野跑选手的独门训练秘籍、各项国内外越野跑赛事的简易攻略以及各公里数越野跑训练计划，具备极强的实操性。无论你是越野新手还是资深跑者，本书都将是你探索自然、挑战自我、享受越野跑乐趣的必备宝典。

图书在版编目（CIP）数据

越野跑：从0到100 / 葛海标著. -- 北京：机械工业出版社，2024. 10（2025. 8重印）. -- ISBN 978-7-111-77543-0

I. G822.4

中国国家版本馆CIP数据核字第2025D6P041号

机械工业出版社（北京市百万庄大街22号 邮政编码100037）
策划编辑：王 炎　　　　　责任编辑：王 炎
责任校对：王荣庆 张亚楠　　责任印制：常天培
北京联兴盛业印刷股份有限公司印刷
2025年8月第1版第2次印刷
165mm×235mm·20.5印张·1插页·243千字
标准书号：ISBN 978-7-111-77543-0
定价：69.00元

电话服务　　　　　　　　　网络服务
客服电话：010-88361066　　机 工 官 网：www.cmpbook.com
　　　　　010-88379833　　机 工 官 博：weibo.com/cmp1952
　　　　　010-68326294　　金 书 网：www.golden-book.com
封底无防伪标均为盗版　机工教育服务网：www.cmpedu.com

推荐序一

随着人类文明的发展，交通工具几乎可以带着我们游历世界的每一个角落，但大自然值得敬畏之处就在于，总有一些地方我们必须使用最原始的交通方式——走路或者跑步才能抵达。而越野跑恰恰就是通过迈出双脚带你的心灵去触碰现代科技尚未染指的山野的一种方式，如果不是为了享受自然的本真而踏入山野，那么，这样的越野跑可能便与在跑步机上的坡度训练没有了差别。

每个人都可以"越五分钟野"，它和脱口秀一样没有门槛。越野跑，首先是野，然后才是跑。所谓野，就是户外。户外总是充满未知，令人感叹也会令人畏惧。这也是为何前人总是重装徒步，他们必须对独自探险的自己的安全负责，因此需要携带足够的装备来应对户外的风险。

而今，"轻装穿越"总是被人挂在嘴上，成为一种酷酷的标杆。身为一名组织者，我深知，这样的变化和我们组织的越野赛密不可分。越野赛，可能比"轻装穿越"更"轻装"。当有成百上千的选手和你一起进入大山时，不理性的"安全感"瞬间爆棚；每间隔几公里，就有一个组委会的补给站保障安全，补充食物；组委会替选手们探好了路，布好了标，评估好了天气。夸张一点说，此时的选手完全地把自己交给了组织方，已经实现了一种无价的信任。以至于，一些新手小白在一场安全的越野赛中，往往容易高估个人对于户外的适应能力以及面对风险时的应对能力。

安全，对于组织者和越野者而言，都是踏入山野后的首要考量因素。我们坚持认为，比赛提供的保障和供给，加上选手们必须携带的强制装备，应当能够使他们在发生极端天气到终止比赛之前的全部时间里，足以相对"从容"地生存在整个赛道所处的山地区域内。而当你独自越野时，为了保证在发生极端天气到抵达安全处所之前的时间里的人身安全，你必须把组委会替你干的事儿，自己都干了。你会发现，此时你需要的不仅仅是体力，还有脑力。你需要了解基础的生物知识、化学知识、地理知识、医学知识，有时候甚至需要气象学和天文学知识。与此同时，身体也必须随着大脑同步进化，学会在神经的控制下将目光永远聚焦在脚步前方的一段距离，快速判别路况和落脚点，来保护自己。毕竟并不会有一个医疗队恰巧在路上等着你，也不会有两个收尾队员陪你聊天，更不会有一群人在指挥部里盯着你的小绿点。在失去了城市包裹的安稳之后，我们必须唤醒血脉里的生存本能，即使是在一场有组织的越野赛中。

户外安全的宿敌，就是天气，它就像是《福尔摩斯探案集》里的莫里亚蒂。即使是在一场相对"稳定"季节里的比赛——注意是稳定，而不是暖和——也无法避免意外天气的出现。因此，当我们顺利地办完一场比赛之后，必须得感谢天公作美。跑越野的人从不轻易放弃，办越野赛的人也是。不管经历什么样的天气和路况，抵达终点永远是越野人的一种信仰。只要能在组委会的备选赛道上完赛，即使遭遇恶劣天气，这也是不幸中的万幸了，但前提是有这么几条赛道。但越野人也该时刻准备着放弃，尤其是当选手的背后没有一群能够百分百履行承诺、替大家做好恶劣天气预案、把千百人的信任捧在手心的人时，放弃本身也是一种负责和坚持。

在探索未知的路途中，我们也在探索自己。每一次越野中对地形、天气、生物的应对，都使我们在理论、经验和能力上不断突破，成为更好的自己。越野人或多或少想过，可能有一天自己会交代在山里，但那又怎样？他们宁愿付出更多努力去降低意外发生的概率，也不愿意轻易放过世界一隅的美好。很多人见过了这样一群"不知死活"的人，也开始向往着他们所处的氛围，无论是出于什么机缘巧合心动的，从一个公路跑者成为一个越野跑者都绝不是一蹴而就的。

希望我们的越野跑者多阅读、多思考，跟随本书一步一个脚印，从越野跑的概念、训练、装备、比赛、恢复的方方面面，全面地提升自己的越野之力，养成习惯，从而安全地在余下的人生中探寻心目中的自然之美。希望越野跑赛事在中国和谐发展，跑者们越跑越健康，通过越野跑收获更多的快乐。承蒙葛海标总监的厚爱，我有幸得以为新书作序，啰唆一二，供读者一哂。

无锡汇跑体育有限公司总经理
资深越野跑赛事组织者
李长征

推荐序二

跑步是一件有关于自我管理和自我激励的事情，我不敢说所有跑步的人都能通过跑步改变自己的人生，但我身边确实有很多跑友通过跑步改变了自己的精神状态和生活状态。

在现实生活中，大家获得某种深刻的成就感的机会真的太少了。我们绝大多数普通人，这一二十年，没做成过什么惊天动地的事情，也没有什么经历可以让自己说"我是一个很棒的人"。

而跑步恰好是那种看上去很容易，但真正能跑下去、跑出点名堂却很难的事情。42.195公里的马拉松、百公里越野跑、百英里越野跑……这些都不是什么人今天想跑，明天就能去跑一个的。想要获得这样的能力需要跑者从计划到执行，起码默默努力几个月，甚至几年。长距离耐力跑是一个系统工程，其中的艰辛只有跑过的人才会明白。

只有来之不易的成功才会刻骨铭心，这种成功可以给人以自信，让我们明白：自己在某些事情上是可以做得很好的。

所以现在有越来越多的跑者已经不满足于马拉松42.195公里的挑战

了，他们愿意去尝试距离更长、难度更大、更有成就感的越野跑。与路跑相比，在越野跑的过程中会遇到更多意想不到的状况，尤其是当你在山野户外奔跑以后，更会感到越野跑其实是一项涉及运动学、运动医学、地理学、心理学、社会学的系统工程。

网络的发达让知识获取更为便利，但网络上的知识大多趋向于快餐化、碎片化，各种"砖家"群魔乱舞，各种观点鱼龙混杂，甚至互相矛盾。没有人告诉你，很多"知识"其实是错误的，或片面，或零碎，或过时。而真正想要进入一个领域，需要的是一个整体的、成体系的学习。

我做自媒体10多年，从微博到微信，从短视频到长视频，经常会遇到有些"粉丝"对一个词、一句话、一个观点纠缠不清，抛开上下文曲解真实含义，还振振有词，令人哭笑不得。这其实就是如今"碎片化"阅读带来的一知半解、心浮气躁，很多人已经失去了深入阅读、耐心阅读的心境，陷入了"只见树木，不见森林"的偏执和零散信息带来的理解偏差。

所以，系统阅读的重要性毋庸置疑，这也是葛海标先生撰写本书的初衷。葛海标先生是一名"跑痴"，因为太喜欢越野跑而创立了江南100系列赛，经过近10年的发展，江南100已经成为国内外知名度很高的原创越野赛。他本身是一名非常优秀的资深跑者，经历了无数次的国内和国际马拉松跑步比赛、越野跑比赛，在长期的跑步生涯中，他不但积累了丰富的跑步经验，还掌握了应对各种问题的方法。同时在组织赛事过程中，他接触到越来越多的跑步爱好者，热情地为他们解答各种疑问，进行指导和辅导，与成千上万跑者交流经验并结下了深厚的友谊。

在这个过程中，他也发现，国内缺少一本接地气的、全面的、系统性的关于越野跑运动从入门到精通的图书，可以用于全面指导有兴趣、有志于参加越野跑的跑者安全高效地完赛。疫情期间，赛事都停摆了，他正好利用这段时间静下心来完成了本书。书中融合了国内外最新的越野跑理论、技巧和信息，可以说是一本来自实践、总结提高后指导实践的集大成之作。

　　我之前撰写过两本关于跑步的图书——《跑步指南》和《跑鞋指南》，葛海标先生邀请我作为本书的专业指导，我也非常高兴把这本书推荐给大家，愿各位越野跑爱好者从中获得有用的知识，跑得更好、更安全、更健康，多一份前进的力量！

「跑步指南」公众号主编

林凌

CONTENTS

目录

CONTENTS

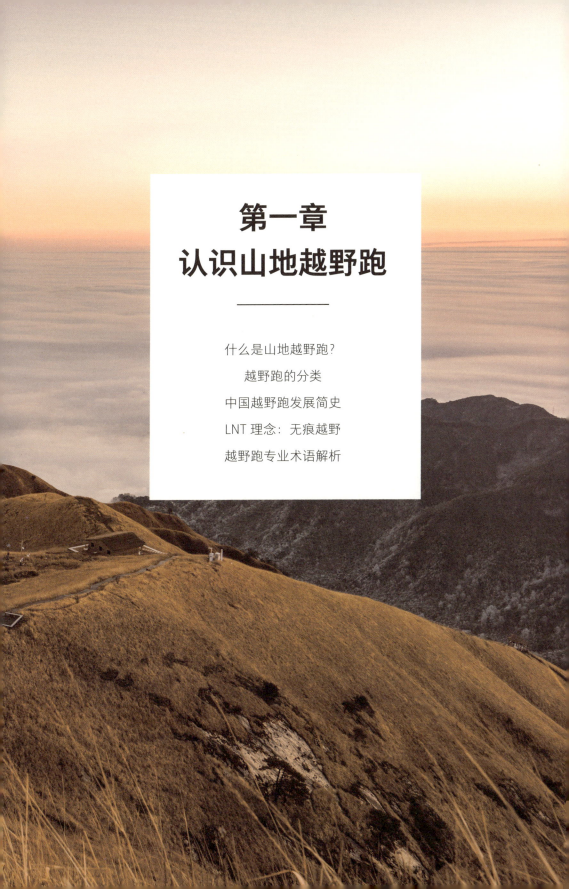

第一章
认识山地越野跑

什么是山地越野跑？

越野跑的分类

中国越野跑发展简史

LNT 理念：无痕越野

越野跑专业术语解析

第一节
什么是山地越野跑？

有人把跑步比喻为人生：

百米，一种追求卓越的人生；

慢跑，一种朴实低调的人生；

马拉松，一种隐忍而坚守的人生；

山地越野跑，一种坎坷而不羁的人生。

山地越野跑，顾名思义就是在山野中进行的跑步活动。它的起源最早可以追溯到古人类的迁徙与生存。作为休闲娱乐，在20世纪早期，欧美一些山区的劳工阶层中，就已经有了"比谁跑得快"的游戏。到了20世纪70年代，山地运动爱好者和滑雪爱好者为了在非登山季和非雪季的时候能保持体能状态，因地制宜地开展了在山地间进行的快速跑步、穿越活动，后逐渐演变成了一项新的运动——现代山地越野跑（以下简称越野跑）。

跑者依照地形山势的自然蜿蜒爬升、下降。他们面对的是大自然的鬼斧神工、变化多端的各种地形——陡坡、草地、泥地、碎石路、水坑、小溪、灌木、丛林等，有时候甚至需要穿越河流、雪线、山脊线……

越野跑很容易让人感受到那种纵横天地、恣意山野的畅快，每一个跑者都非常享受奔跑过程中那美丽壮阔的风景、那充满泥土芬芳的空气，一步一风景，一山一惊喜。

由于越野跑通常伴随着海拔的上升下降，因此比路跑的难度更高，需要在不断地爬坡、下坡中前进，而路跑一般都是在相对平坦的铺装路面上进行的。越野跑比路跑更具挑战性，在自然环境中奔跑，跑者需要有更为精密准确的判断、更为成熟稳定的技巧、更强大充沛的体能储备。

越野跑有时候更像是一场长距离的间歇跑，需要跑者快慢结合，肌肉时而紧张、时而放松。需要合理分配体能，制定技战术，使身体和精神达到一种最佳的平衡状态。越野跑让跑者更容易保持专注，放空大脑，最终获得身体和心灵的双重升华。

有人说越野跑和登山差不多，其实它们有共同点但不完全一样。越野跑的本质是跑步，不像登山那样是重装备徒步缓行，而是采取了又轻又快的跑步方式。准确来说：越野跑是融合了跑步和快速登山的综合性运动。

　　总的来说，越野跑归属于跑步这项体育运动大类，是在尽量贴近自然的环境中进行的竞技或休闲的跑步运动。

第二节
越野跑的分类

一、越野跑

越野跑（Trail Running）通常需要具备两个基本特征：①在山区进行；②有爬升起伏。

国际越野跑协会（International Trail Running Association，简称ITRA）成立于2013年，按照它的定义：在各类越野跑比赛中，铺装路面和柏油路面的长度不应超过路线总长度的20%。2015年，世界田径协会将越野跑认可为田径项目。

二、山地跑

山地跑（Mountain Running），英文直接翻译过来就是"跑山"，更强调原生态的山地环境与陡升陡降的地形。山地跑也有国际组织——世界山地跑步协会（World Mountain Running Association，简称WMRA），该协会负责运营世界范围内的山地跑和越野跑锦标赛。

三、丘陵跑步

丘陵跑步（Fell Running），源于英国，地形主要为荒原丘陵，地貌主要为松软的草地或黏土，植被多杂草、少灌木。与其他越野跑的最大区别在于没有现成的路径，大部分路面无路径可循，也没有路标，选手需要自行规划路线并用最短时间到达终点。

四、快速轻装穿越

快速轻装穿越（Fastpacking），是越野跑和徒步露营的结合。与越野跑相比，快速轻装穿越需要自行携带露营装备；和徒步相比，它的速度更快，一日可行进40~50公里。

快速轻装穿越可以说是一项以越野跑为基础的新玩法，这与露营装备的不断轻量化及越野跑的受欢迎程度日益提升密不可分。快速轻装穿越和越野跑比赛的最大的区别就是需携带更多生存装备，可能需要连续多日露营，距离更长、耗时更久。

100公里、100英里等越野跑比赛，虽然一般也需要在外过夜，但由于组委会提供了各种保障（CP点），因此参赛者无须携带过多数量的安全物品。

五、已知最快时间

上述的各种越野跑皆为按照运动形式划分，而已知最快时间（Fastest Known Time，简称FKT）则是按照时间概念衍生出的赛事类型，可以简单理解为赛道纪录、路线用时纪录。对路线是否为山径、是否有海拔变化、距离长短等并无硬性要求。

FKT传奇人物、FKT官网联合创始人巴兹·布雷尔（Buzz Burrell）

曾解释对一条路线可否作为FKT路线的判断标准："这条路线要足够有吸引力，使大家愿意去尝试体验。"因此，一条只记录了你个人时间纪录的路线是难以被称作"FKT路线"的。

有很多FKT路线距离很长，甚至要耗时一天或一天以上，由此衍生出了三种FKT的方式：

（1）无补给（Unsupported）

跑者自出发时便携带所有补给。中途不能通过购买或借助他人帮助获得补给，但中途利用自然补给，如山泉水、野果等是被允许的。

（2）自行补给（Self-supported）

可以在路旁的超市购买水、食物，但不允许亲友或团队在途中某处帮忙送水、食物，或帮忙提供休息处。

（3）有补给（Supported）

由亲友或团队提供帮助进行各种补给。

六、天空跑

天空跑（Sky Running），最大特征是路线爬升大，按照国际天空跑协会（International Skyrunning Federation，简称ISF）定义，天空跑的路线标准为：海拔爬升超过2000米，路线全长中至少有5%的路段坡度需大于30%，攀登难度不超过2级（依据国际攀登协会官方标准）。

天空跑起源于阿尔卑斯山区，按照最初的精神内核，天空跑代表着在最短时间内沿最合理的路径到达任何一座峰顶，类似于如今快速攀登的概念。当时将这种跑步方式称为天空跑是真正具有跑向天空的含义。

如今随着国际天空跑协会的不断发展，其内涵和外延也在不断扩展，国内曾经有不少赛事都曾获得过天空跑的资格认证，如江南之巅、亚丁、大连、天目七尖、大屿山等。简单来说，如果一项赛事被认证为"天空跑"，那就意味着该赛事难度较高，比较"虐"，需要参赛者具备一定的竞技水准。

第三节
中国越野跑发展简史

一、早期（2014年以前）

1981年，首届"乐施毅行者"活动在中国香港举办，该活动要求必须"四人一组"组队参加，并需要在48小时内翻越20多座高山，横越全长一百公里的麦理浩径。

"乐施毅行者"在开办之初并未对民众开放报名。1986年首次向民间参与者开放，由一市民队夺得冠军。可以说这是目前已知最早的中国大众越野跑活动。

据圈内前辈传闻，在20世纪80年代末或90年代初，北京举办过一个"慕田峪长城超级马拉松赛"，但未寻找到历史照片，只在资深爱好者中口口相传。

1998年，Seyong Asia公司创办的山野之王（KOTH）系列赛在中国香港诞生，并自此每年都举办若干站系列赛。

2001年，中国香港市民跑者范瑞萍，参加并完成了撒哈拉沙漠马拉松（Marathon Des Sables, 简称MDS），并以17小时21分的成绩创下了当时的毅行者女子队纪录。

2003年，极地长征系列赛（Racing The Planet，简称RTP）落户中国，在新疆举办了戈壁长征分站赛，并一直持续举办到2015年。

2006年，威斯西湖跑山赛在杭州举办，该赛事成为越野跑运动在我国民间普及的一个窗口。

2009年，第一届TNF100在北京市昌平区举办，100公里组别的实际路线距离为86公里，爬升距离为2600米。另外还有10公里和40公里组别。当年总参赛人数超过2000人，男子组冠军为日本跑者镝木毅，女子组冠军为中国业余跑步爱好者邢如伶。

同年，中国香港市民跑者曾小强参加了在法国举办的环勃朗峰超级越野赛（The Ultra-Trail du Mont-Blanc，简称UTMB），并在2000多名参赛者中跑进前30名。

2010年，中国台湾跑者陈彦博参加了南极100公里冰雪超马（The Antarctic Ice Marathon 100k），并获得第2名。2013年，在被确诊鼻咽癌后，他又在北美洲冰原带完成了700公里的育空北极超马（Yukon Arctic Ultra，简称YAU）。

2011年，第一届HK100（香港100，简称"港百"）举办，200多名参赛者站到了起跑线上。

2012年，由于雷、高清、王子尘、杨建国组成的中国战队首次参加意大利"巨人之旅"超级越野赛——该赛事路线总长330公里，累计爬升距离24000米。当年因天气恶劣，主办方取消了最后的29公里赛程，于雷、高清、杨建国三人完赛。

2013年，中国登山协会举办了沂山100越野跑赛，众多精英跑者参赛，代表了当时国内越野跑的最高水准。

同年，完赛"巨人之旅"的跑者于雷策划举办了第一届大连100越野赛，成为国内首个由越野跑爱好者创办的赛事。随后，第一届宁海越野挑战赛也在浙江鸣枪。这一年中国越野跑赛事的数量突破两位数。

2013年，参加"巨人之旅"的中国选手杨源，失足滑坠，不幸离世。

2014年，闫龙飞和东丽参加在法国勃朗峰举办的天空跑世界锦标赛（Skyrunning World Championships），闫龙飞在42公里组别获得第16名，东丽在80公里组别获得第9名。

同年9月，曲丽杰完赛"巨人之旅"，成为第一个完成"巨人之旅"的中国女性。

同年，国务院第46号文件《国务院关于加快发展体育产业促进体育消费的若干意见》宣布取消对群众性和商业性体育赛事的审批制度。之后，越野跑赛事如雨后春笋般在中国遍地开花，因此2014年也被很多媒体称为"中国越野跑元年"。

这一年，我在家乡举办了宁波太白湖国际越野赛，为之后的江南100系列赛播下了一颗种子。

二、发展期（2015—2019年）

据不完全统计，2015年在我国举办的越野跑赛事超过160场，大部分是首次举办，其中有很多比赛现在已经成为大家耳熟能详的经典赛事，比如：首届江南100越野赛、首届玄奘之路·八百流沙超级极限赛、首届柴古唐斯括苍之巅越野赛、首届环四姑娘超级越野跑……

我在这一年举办了江南50越野赛，这也是江南百英里的首届赛事。于2015年3月22日在宁波四明山东入口龙观举办，全程50公里，累计爬升约3600米，被认为是"最江南"的跑山赛事。赛事路线连接上古山，以古迹、古道、古村、茶园、峡谷、竹海，串联起四明山源远流长的历史和山清水秀的江南春色。

尽管首届赛事总参赛人数不足300人，最高组别的50公里组不足百人，但当时江南100团队首次成功落地办赛踏出的这一小步也为中国越野跑的发展贡献了一份力，这也是我一直感到自豪的一件事情。

2016年，中国移动旗下的咪咕善跑发布飙山越野系列赛（China Mountain Trails），其中的龙腾亚丁成为Skyrunning全球系列积分赛的第一站。

首届高黎贡超级山径赛也在同年鸣枪，由世界最炎热跑步比赛——美国恶水超马（Badwater Ultramarathon）创始人克里斯·科斯特曼（Chris Kostman）担任总监，世界规模最大越野跑赛——法国环勃朗峰超级越野赛（UTMB）创始人波利提夫妇（Michel Poletti 与 Catherine Poletti）亲临赛事现场指导，标志着中国越野跑赛事逐渐走向国际化。

2017年6月10日，北京灵山100国际山地越野挑战赛，一名参加50公里组的跑者因在比赛中中暑导致意外身亡。该事件成为中国越野跑运动历史上第一起在比赛过程中发生的死亡事故。

2018年，是整个中国越野跑赛事发展的高光时刻。在该年年初的HK100（港百）中，中国新生代跑者梁晶与祁敏齐头并进。虽然梁晶领先1秒冲线，但因在赛道上的非规定区域接受了场外支援而被取消成绩。最终，祁敏以9小时28分36秒的成绩打破了由法国人弗朗索瓦在2016年创造的赛道纪录，问鼎冠军。姚妙获得HK100女子组冠军，成为首位跑进11小时的女性选手。

同年8月的法国环勃朗峰超级越野赛（UTMB）中：贾俄仁加夺得OCC组别冠军；姚妙和祁敏双双打破CCC组别赛道纪录，分别获得CCC组别女子冠军和CCC组别男子亚军。

随着中国跑者的不断成长，越来越多的跑者已经不再满足于百公里的挑战。于是在2018年，江南100开设百英里组别，成为江浙沪地区唯一一场百英里越野赛。通过赛道的几经调整，大幅增强了可跑性，全程168公里，爬升距离7259米，关门时间48小时，成了可跑性超强的高速赛道。该届赛事参赛人数800余人，最长组别168公里有100余人参赛。

回顾这一阶段：2015年和2016年是中国越野跑的爆发期，据统计，2015年赛事数量是2014年的3倍，2016年赛事数量在2015年基础上再次翻番。2017—2019年赛事数量进入比较平稳的增长期，到2019年，在国内举办的各类越野跑赛事超过500场。

三、2020年至今

2020年上半年，疫情突然来袭，越野跑比赛全面停摆。正是在这样一个特殊时期，江南100团队提出开启"一个人的江南百英里"赛道纪录挑战赛，广撒英雄帖邀天下精英，在跑圈引起了一波热议。最终，赵家驹揭榜而上，挑战赛道纪录。同年4月11日凌晨，赵家驹创造了江南百英里全新赛道纪录——18小时35分45秒。

当年下半年，国内疫情得到控制，越野跑赛事开始重启。直到2021年上半年，越野跑赛事虽然数量上和往年相比有一定减少，但整体发展趋势充满生机。无论是赛事公司还是越野跑爱好者，都摩拳擦掌，准备放手一搏。直到2021年5月22日，这一天注定成为中国越野跑的"历史拐点"。

2021年5月22日，2021年（第四届）黄河石林山地马拉松百公里越野赛暨乡村振兴健康跑在甘肃省白银市景泰县黄河石林大景区内举行，在百公里越野赛进行过程中，由于遭遇大风、降水、降温的高影响天气，造成21名参赛选手死亡，8人受伤。死亡人员中包括中国顶尖越野跑者梁晶等精英选手。

中国越野跑进入至暗时刻，赛事被全面喊停。

2021年7月，国家体育总局等11部门联合印发《关于进一步加强体育赛事活动安全监管服务的意见》；

2021年8月，四川省田径协会与四川省登山协会联手，组建了"四川省越野跑赛事委员会"，并颁布《越野跑类赛事办赛指南》；

2021年9月，浙江省体育产业联合会、省马拉松及路跑协会发布了《2021浙江省越野赛组织安全指南》；

2021年10月，中国登山协会发布《山地越野跑办赛指南》《参赛指引》以及《竞赛规则》等文件；

2022年8月，浙江省体育局发布《浙江省体育赛事活动社会风险评估工作实施细则（试行）》。

中国越野跑运动全面规范势在必行，越野跑这项运动在中国的发展以民间为主要推动力，虽然发展到现阶段依然还是个小众的运动，但是每个越野跑爱好者都相信未来是美好的。安全问题是重中之重，我们都希望白银事件过后的中国越野跑运动能够迎来一个新的起点，在更完备的规则之下，在更多人的关注之下，在更多资源的加持之下，让更多人能投入到这项运动中，享受山野，享受奔跑！

第四节
LNT 理念：无痕越野

最近几年，随着国内越野跑赛事数量的井喷式增长，大批选手涌入山野奔跑，选手们感受大自然之美的同时，也导致了自然生态受到不同程度的影响，美丽的山野若随处可见垃圾，是无法令人赏心悦目的。

LNT理念，全称为Leave No Trace，即无痕越野。这是一项源于美国跑者团体的理念，它虽然不是一项强制性的法律法规，但应该是我们所有越野跑爱好者自我约束的准则。

我倡导所有跑者遵循LNT无痕原则，从2017年开始，我就在自己所主理的江南100系列赛事中，号召跑者们在日常训练和比赛中尽量自带杯具和餐具，杜绝在野外丢弃一次性雨衣、急救毯、塑料瓶、食品包装等行为。并且，江南100组委会选用环保型油漆进行控制地标的喷绘，赛后全程回收路标并清洁赛道垃圾，回收所有废弃电池等，这一系列遵循LNT理念的环保行动让赛道恢复如初。

江南100在赛道无痕Logo的设计上下了很大心思：主图案是一个跑者一边奔跑一边拎着一大袋垃圾，而垃圾袋主图案上是江南100的Logo，Logo周围是废物利用的标志，表明江南100将严格贯彻赛道无痕理念，收集赛道上本来要废弃的材料，清洁、处理之后再使用，减少垃圾的制造以及原料的消耗。

江南100赛道无痕Logo

下面是在2021年江南百英里比赛中践行LNT理念的案例，供广大越野跑爱好者和越野跑赛事同行参考。希望大家共同尊重自然、保护自然，如此才能持续地感受越野跑所带来的乐趣。

一、路标的回收

赛前2周对赛道沿途布置路标，赛后2周陆续回收路标，因此，赛事期间路标滞留野外最长为期1个月。主路标材质为70厘米长化纤飘带，其中一部分飘带钉有3M反光贴，均难以自然降解。赛道全程约180（168+12）公里，路标总使用量约1万条。预计赛后路标残存8500条，遗失1500条（其中1000条可能被人工摘除，500条可能因为风吹、树挡等原因不可视而暂时遗留野外）。残存路标回收率定为98%，回收8330条，遗漏不超过200条。

江南100系列赛路标

经过赛后为期1年的"赛道无痕小组清山行动"，预计可再次回收路标600条，野外残存路标控制在不超过100条，占投放路标总数不超过1%。

二、地标的喷绘

经赛道途经的当地政府允许，组委会工作人员在政府许可的赛道岔路口水泥地面喷绘自喷漆地标。地标具有少量反光性。私人财产、苗木树木等物体表面不会喷涂。地标喷涂采用的自喷漆均为符合国标的环保型油漆，但仍有可能无法彻底避免苯类物质对周边环境的轻微影响，因此地标喷涂数量将控制在合理范围内。

三、外来的种子

由于参赛人数众多且来源地甚广，为保护四明山区域生态平衡，组委会采取措施控制外来种子的带入。

四、电池的回收

本场比赛预计产生废弃电池10000节，如无法良好回收，电池内含有的汞及其他有害元素将对四明山的环境和水体造成可怕的污染。为此，本场比赛所有补给点均设置有"电池回收箱"，要求选手配合，不要将电池混装进其他垃圾，并务必专门投掷进"电池回收箱"内，由工作人员回收。为了从源头减轻电池造成的污染，要求选手尽量购买碱性干电池而非碳性干电池。

五、一次性物品的使用

食用热食时，每一个补给点一人仅限使用一副一次性餐具。但仅此一项预计就将产生10000套废弃的一次性餐具。组委会呼吁有条件的选手自备户外折叠筷、方便勺。各补给点不提供一次性的水杯。

参赛物品不含一次性雨衣，需要选手按需自备。不允许野外随意丢弃一次性物品及其他装备。要求各位选手将废弃物带至各补给点回收处理。尤其是废弃的保温毯、破损的一次性雨衣、能量胶包装袋、空的饮料瓶，均需选手随身携带至就近垃圾桶再丢弃。

六、登山杖的使用

登山杖的杖尖会对表土和植物根系造成破坏，本场赛事虽没有禁止登山杖的使用，但在行进过程中，我建议如果选手使用登山杖，在表土脆弱的地带，应尽量套上杖尖帽使用。比起登山杖的影响，人的足迹对土地表面的影响更大，我建议选手尽量走在前人的足迹上，不要自行尝试新的路线。

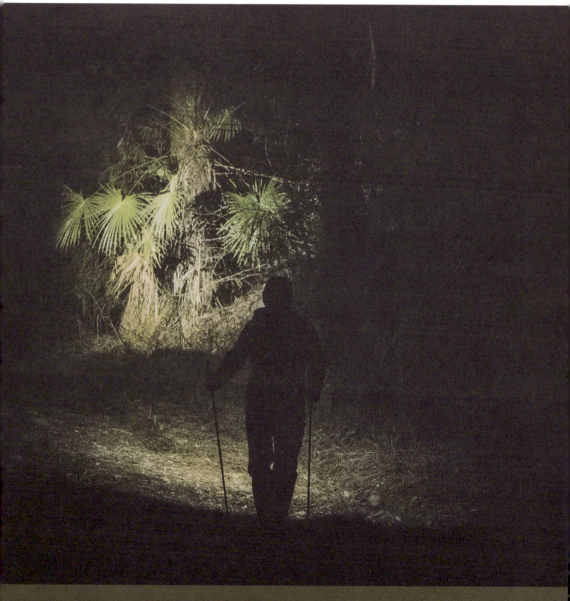

第五节
越野跑专业术语解析

1. 距离

目前，国际越野跑协会（ITRA）将越野跑比赛按距离分为垂直千米（Vertical Kilometer, 简称VK，即距离小于10公里，但连续爬升必须不低于1000米）、10公里、半程马拉松、全程马拉松、50公里、50英里、100公里、100英里、Endruce（190公里以上）9个级别。

但越野跑的山地环境使得我们难以精确测量比赛的距离和海拔变化，ITRA也坦承："并不存在一种万全之法，能够精确地测量越野路线距离和海拔爬升。"通常负责任的赛事会组成一个3~5人的测线团队，每人使用2只不同品牌型号的卫星导航手表或手持机，在不同天气、气压情况下，多次实际测量赛道（建议5次以上），去掉最大值和最小值后，计算剩余数据的平均值，得出赛道的近似准确距离。

2. 形式

按参赛人数分：个人赛、团队赛；

按补给导航形式分：保障型赛事、半自补给自导航赛事、自补给自导航赛事；

按赛道形式分：直线形赛道赛事、环形赛道赛事、绕圈赛；

按海拔高度分：高海拔赛事与非高海拔赛事；

按时间：分为多日阶段赛与非阶段赛。

3．赛事等级

ITRA对越野跑赛事的分级如下：

（1）距离少于42公里：初级越野跑；

（2）距离在42~69公里之间：中级越野跑；

（3）距离在70~99公里之间：长距离越野跑；

（4）距离大于100公里：极限越野跑。

4．海拔

即所处位置与海平面的高度差，目前我国的海拔零点为青岛

江南之巅的路线和海拔爬升图

黄海海面。对高海拔的定义并无通行标准，有时会将海拔2400米以上的地区定义为高海拔地区。

5. 累计爬升

指整个运动过程中各段海拔上升路段的海拔上升之和，国内通常以米为单位来计算，是判断一场越野赛难度的重要指标。与距离相似，精确测量累计爬升也并非易事。ITRA认为，在累计爬升和累计下降的数据上，最多可能产生高达30%的误差。

6. 累计下降

指累计爬升的相对概念。需要注意的是，累计爬升和累计下降数据并不一定相等，如起点为海拔100米，终点海拔为0米，二者本身存在海拔差，则全程路线最终的累计爬升和累计下降的数据便有区别。

7. 海拔爬升图

将起点至终点间的海拔变化以图表的形式展现，可以直观地了解路线全程的海拔变化。

8. 赛道路况

包括但不限于水泥路面、公路、机耕道、土路、山径、林道等，很多比赛会在赛前发布路书，详细描述赛道路况。相较距离与累计海拔，这是一个较容易被参赛选手忽视的信息。距离和累计海拔可以从宏观层面粗略评判一场比赛的难度，而路况则是在微观层面评判某一路段难度的重要标准，如巨石路段，可能爬升和距离都不大，但对体力和时间的消耗反而可能更大。

9. 坡度

即斜坡的斜度，用于标记山坡的陡峭程度，通常使用百分比或角度两种计算方式得出。天空跑赛事常对赛道的坡度有要求。

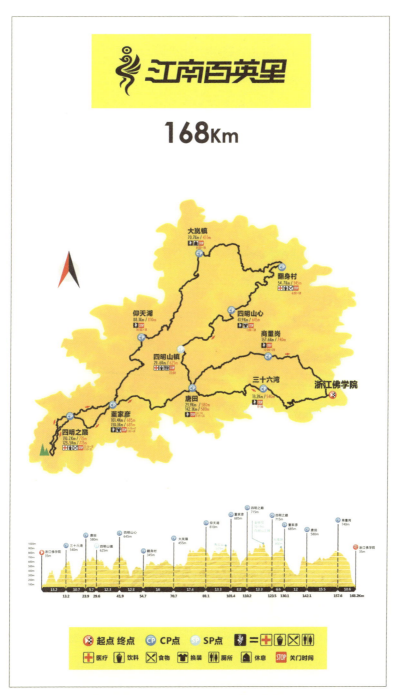

江南百英里168公里组别的赛道路线和海拔爬升图

10．技术路线

用于描述跑动难度较高的路段，此类路段会明显降低跑动速度，增大受伤风险。特点是地形复杂，需要思考落脚点。只要脚踝落地发力方向不固定，上坡、下坡乃至水平路线都可能是技术路线。如：布满碎石的路段、大小不一的岩石路段、下坡时松散易滑动的路面路段、盘根错节的树根路段、湿滑的石板路段、崎岖陡峭的路段、泥泞路段、涉水路段等。

11．速度型赛道

是与技术路线相对应的概念，表示该路线技术难度小、总体爬升相对同等距离赛事偏小、可跑性路段比例高，易于持续跑动。

12．恶劣天气

指非正常、反季节、破坏力强的天气，泛指可能对选手生命安全造成危害的天气，如风雪、狂风、暴雨、冰雹、雷电、浓雾、冻雨、山洪等。

13．报名资格

根据赛事组别难度，赛事组委会通常会对各组别进行报名限制，选手若要报名需具备满足年龄要求、健康状况良好、能够证明具备完成此组别能力的资格等各方面条件。不同赛事要求不同，通常报名100公里组别需具备曾完赛50公里组别的经历，报名百英里则需具备100公里组别的完赛经历。有的赛事还会对速度进行要求，如需要提供之前赛事的成绩单或提供在其他户外活动中获得优异成绩的证明。

14．补给

补给是指对运动导致的身体能量、水分消耗进行有效补充的方式。具体分为比赛补给与自行补给，补给范围主要分为水与能量两类。有的比赛会在赛前详细公布每一个补给站所提供的补给类型：在能量补给食物

方面，各赛事通常会提供热食、冷食、水果等；在水补给方面，有的补给站只提供水，有的则提供水与运动饮料。

15. 补给站（Supply Point，简称SP）

提供补给、计时、医疗、休息等多项服务功能的赛事服务站点。

16. 检查站（Check Point，简称CP）

进行强制装备检查、选手安全状况检查等检查的站点。一般情况下，赛事补给站与检查站设在一起，统称为检查站。在赛事中，通常会根据赛道长度设置数个检查站，一般为每10公里设置一个，会根据搭建与交通便利等具体实际因素适当缩短或延长，如有的赛事检查站之间的距离可能长达20公里。

17. 换装点

有的100公里及以上距离比赛，涉及昼夜交替，通常会设置换装点，方便选手更替衣物，保持舒适，减轻负重。换装点通常会设置在比较大的检查站中。

18．强制装备

为了参加某些组别的赛事所必须具备且携带的装备。主要包括通信类、保暖类、防雨类、补给类、急救类、照明类装备等。根据比赛的难度与长度，各不相同。有的比赛会明确要求携带保暖类与防雨类的装备。有的装备会被要求全程强制携带，有的照明类装备则被要求在经过某检查站后必须携带。

19．号码簿

选手在比赛期间的身份标识，凭号码簿享受比赛服务与保障。有的比赛会将海拔变化图印制在号码簿下方，便于选手途中查看。

20．赛事总监

赛事的组织者、策划者、统筹者、决策者，需具备体育、管理、策划、组织等多领域的全面知识，是整场比赛的指挥官。

21．志愿者

他们是比赛的幕后英雄，也是决定一场比赛能否顺利举办的关键。越野跑比赛属于人力密集型活动，从领物、补给，到赛后服务等各个环节，都离不开志愿者的服务与帮助。许多赛事会对志愿者提供日后报名参赛的额外优惠与优先特权。

22．救援队

赛事的安全保障人员，提供山地救援服务，确保选手能够得到及时、快速、有效的救助。

23．收队

确保没有选手因受伤等原因滞留在赛道，至少二人一组，确保所有选手都位于收队身前。

24.关门时间

可理解为赛事的结束时间，一般
有赛事结束的总时间与各站点分别关
闭的时间。

25.未完赛（Do not Finish，简
称DNF）

因主动退赛、超时成绩无效等因
素而未能完赛。

江南100系列赛的关门时间

26.取消成绩（Disqualified，简称DQ）

因为违反赛事规定而被取消成绩。

27.路标

用于指示比赛行进方向的标志物，多悬挂在树木等离地有一定高度的
位置，一般能够平视可见，夜间路段的路标上会加反光布料。

江南100系列赛的路标

28．卫星定位设备

在100公里及以上距离的比赛中较为常见，组委会会向选手提供卫星定位设备，用于后台追踪选手的实时位置，以应对紧急情况。以基于全球定位系统（GPS）开发的设备居多。

29．Live Trail

由UTMB推动研发，将计时与卫星定位功能合二为一，2004年首次投入使用。最基础的设备为超薄计时芯片，可粘贴在号码簿后。

30．电子轨迹

由电子记录设备生成的包含时间、距离、海拔、经纬度、速度等信息的文件。组委会一般在比赛前均会提供赛事路线的电子轨迹，选手导入导航手表或手机户外导航软件中，即可确保在无法找到赛事路标等指引时不会迷路。

31．离线地图

不需要连接互联网即可使用的地图。越野跑活动多在山区进行，信号覆盖较差，提前下载离线地图可用于在不确定路线时导航使用。

32．LiveTrack 实时追踪

用于实时追踪选手所处位置，最开始为组委会用于确保选手安全所采取的技术。随着技术发展，如今已有面向个人的解决方案，与组委会配发的卫星定位设备不同，个人用户如不想额外购买设备，可使用服务商提供的服务，但需要依靠互联网络，自行进山前，可将LiveTrack链接分享给亲朋，收到链接的人可通过该链接追踪用户的实时位置。手机有信

号时便会持续分享用户位置。还有一种解决方案是服务商提前在线路上布设蓝牙设备，用户在该线路上行进时，不需要使用互联网络，只需要打开蓝牙，便可持续更新实时位置，此方案只适用于服务商已布设设备的线路，成本较高，覆盖面较窄。

第二章
训 练 篇

——————

越野跑训练三大原则

越野跑九大训练内容

第一节
越野跑训练三大原则

一、在"量"的基础上注重"质"

大家都知道跑量是马拉松的基础，绝大多数跑者都是在完成半马或全马以后才开始尝试越野跑的。所以，跑量也是完成越野跑的基础。只有经过跑量的积累，才能锻炼出能够承受超长距离的肌肉耐力、心肺功能，以及心理准备。

在我看来：要想完成一次半马距离的越野跑，至少需要具备完成路跑半马的能力；要想完成一次全马距离的越野跑，至少需要具备完成路跑全马的能力。再往上等级的越野跑，比如百公里、百英里相对应的跑量要求，也会越来越高。在超长距离的越野跑训练中，脚下功夫是关键，你必须出去跑，一次又一次地积累，才能为即将面对的更大的挑战做好准备。能不能少跑一点侥幸过关？也许可以，但是很可能在某个时候不得不为自己的偷懒买单。

国内著名的超级马拉松高手王晓林，在完赛"巨人之旅"以及江南

330公里超长距离耐力跑之后曾说："越野跑，最基本一个字就是'跑'，所以跑也是最基础的训练。要完成越野百公里，最基本的要求是——第一，至少能轻松完成全马；第二，每周跑量至少达到100公里。跑量是基础，而且这个基础是打得越久、越扎实，越好。"

但是跑量的积累并不是盲目的猛打猛冲，否则会因为状态难以恢复导致后面的训练效率低下，也让受伤的风险大大增加。跑量的积累与提高，需要遵循"10%原则"，即：每周跑量增幅不超过10%。比如上周累计跑了30公里，那么这周跑量不要超过33公里。

还要注意，"10%原则"的意思不是说每周一定要增加跑量，更不是说每周必须增加10%跑量。而是要小心增加跑量，即使增加，也不要超过10%这个比例。如果在增加跑量后感到不舒服，甚至可能需要减少跑量。

增加跑量的前提是跑步时舒适放松，精力充沛，跑后没有疲劳且无法恢复的感觉，无酸痛等。只有在这个前提下，才能考虑增加跑量。和速度一样，跑步时间过长也是一大伤害杀手，很多慢性损伤都是由此引起的。

在跑量已经达到了一定训练量的时候，没必要继续堆上去，这个时候"量"已经不重要了，更要注重的是"质"。跑量达到一定程度后，如果继续增加，收益只会越来越低。

我们绝大多数业余跑者都是利用业余时间进行训练，所以如何有效利用时间，提高训练效果，争取最大的训练效益才是最重要的。如果只是一成不变地"跑跑跑"，身体没有得到新的刺激，进步很慢，那就是在浪费时间了。只有不停地换花样，比如增加间歇跑、节奏跑、核心训练、平衡训练、柔韧训练等多维度的项目，进行交叉训练，全方位地刺激身体，才会事半功倍。

高质量的跑量还体现在对不同的赛事进行有针对性的专项训练上，比如，在赛事中会出现的各种路面上奔跑，在各种可能出现的温度条件下进行适应性训练。你的跑量和训练应该围绕着你所备战的赛事进行，这样有的放矢的训练安排就是高质量训练的来源。

另外如果有条件，可以经常进山跑跑，上坡练肌肉和心肺，下坡练身体平衡与反应控制能力。如果没有进山条件的，可以练习跑楼梯，建议搭电梯下楼，只跑一趟上楼，以保护膝盖。这种爬楼的练习也是国内顶尖高手梁晶的训练方法，他称之为"刷楼"。

王晓林在备战"巨人之旅"的时候，非常注重交叉训练，他认为：交叉训练比单一运动训练收获更大。他采用的交叉训练方式除了间歇跑、节奏跑、跑山、刷楼，还有游泳。他经常会在跑后的第二天把游泳作为一种动态休息的方式，甚至后来还参加了铁人三项赛，完赛成绩均在12小时以内。

"以赛代练"也是很多高手会采用的一种训练方式，因为这是一种将数量和质量完美结合的最佳方式之一。在比赛中，你就会不自觉地进入状态，相比日常漫无目的的苦练，更能激发自己，获得超额的训练效益。

二、全面均衡

办赛多年，我接触过大量的跑者，绝大多数跑者会非常注重针对"跑"这部分的训练。根据"水桶理论"，决定你运动能力上限的不是最长的那块木板，而是最短的那块。跑步虽然看上去只是用脚在跑，但人只要跑起来就会动用到全身的肌肉，是整个动态变化的运动链，而不是单纯地只用到某一部分。所以，训练一定要全面均衡，一定要重视"力量训练"和"核心训练"，全面打造自己的运动能力。

有很多跑者看别人月跑量200公里甚至300公里都安然无事，但自己稍微一加量就这里不舒服那里痛，甚至受伤。还有些跑者，虽然跑量也不小，但是始终觉得自己进步缓慢，一跑就感到疲劳，或者腰酸背痛，跑不快也跑不远。这些问题都和身体缺乏全面均衡的训练有关。

想跑得更快更远，不那么容易受伤，那么就需要重视力量和核心的锻炼。如果在跑步后感到下肢膝关节、踝关节、足部不舒服甚至疼痛，或者是上肢、下背部、上背部、颈椎、肩关节的不适，这些都是在提示我们，肌肉和核心力量还不够强大。

如果没有强健的肌肉群——腹部、下背部和臀部的肌肉的支撑，你就不可能跑出最好的成绩。它们为跑步者在爬坡、最后冲刺、长时间地维持最有效的跑步动作提供了所需的稳定性、动力和耐力，甚至能避免肌肉和关节的损伤。

跑步是全身性运动，全身的肌肉都会或多或少地参与其中，而不仅仅是腿上的那几块主要肌群。这些肌群对保持动作的稳定性有着关键作用，如果肌肉不够强大，跑步时会出现动作不稳定的问题，而动作变形会引发支撑力不足，使得关键肌肉甚至关节不得不承受更多的冲击力，从而导致受伤。因此，一定不能一味地跑，要学会均衡全面地提升自己。

三、学会恢复

一次跑步训练结束以后，我们的身体会悄悄地对很多功能进行保养维护：

（1）肌肉和结缔组织利用胶原蛋白来修复细微损伤；

（2）细胞开始清除堆积的乳酸和其他无用的物质；

（3）各项激素水平进行重置，恢复平衡状态；

（4）对局部炎症进行消炎处理；

（5）肝脏和肌肉把能量重新储存。

这些修复一般会在24小时内完成，有些特殊情况则需要耗费48~72

小时左右完成，比如关节的活动范围，一般需要多一点的时间才能完全恢复。

我们除了合理安排训练计划外，每一次训练结束后最好能做一些帮助身体进行快速恢复的相关事宜，这样不仅能加快身体恢复速度，也能在最大程度上达到锻炼和塑形的效果。

一共有四个方面：

（1）跑完冰敷，第二天热敷

在经过一次长距离或者高强度的训练后，可以对紧绷的肌肉部位进行冰敷。冰敷可以迅速收缩血管，抑制炎症和水肿。同时，冰敷可以降低肌肉的酸痛感，有点类似麻醉效果，防止痉挛。

但切记冰敷时不要拿冰块直接放置于患处，因为冰块的温度不是恒定的，如果你的冰箱温度被设定为零下十几度，那么冰块拿出来时的温度就是零下十几度，直接冰敷会冻伤。正确的做法是将冰块和水混合装入塑料袋，做成冰袋，冰水混合物的温度是恒定的零度，是比较理想的冰敷温度。也可以购买内填冷剂的专用冰袋。冰敷的时候如果感到太冷，可以垫一块干净的毛巾在患处。

如果没有受伤或明显的酸痛感，也可以在泡澡时直接用冷水，这样同样可以起到降温消炎的作用。

如果在训练第二天感到肌肉依旧僵硬和紧张，可以采用热敷来缓解，热敷可以加速血流，对肌肉起到放松的作用，行气活血，使得经络通畅，通则不痛。

（2）滚压泡沫轴

早在20世纪50年代，某些圆柱形木质滚筒已作为工具被康复医师使用。20世纪70年代开始，木质滚筒被重量轻、硬度适中的泡沫材料所取代，用于神经康复、运动康复及骨伤康复。

泡沫轴能增加血液循环，放松肌肉深层的筋膜，让肌肉恢复到正常静止状态下的松弛度和长度，并且能够帮助身体将恢复期间深层的胶原蛋白整齐地排列起来。

美国运动学会（The American College of Sports Medicine，简称ACSM）建议，在运动结束后立即使用泡沫轴进行按摩。由于运动后肌肉会长期处于收缩紧张的状态，如果不对肌肉进行放松舒展，时间久了肌肉筋膜就开始粘连，粘连处甚至还会形成"痛点"，进而让肌肉僵硬没弹性。在这样的情况下，重复训练就会导致肌肉损伤和炎症的产生。

泡沫轴滚压时所产生的压力，会降低肌梭的紧张度，慢慢把打结的筋膜松解揉开。特别是在速度训练、长距离跑步后使用，发硬的双腿马上会变得轻松柔软。

（3）补充优质蛋白质和适量碳水化合物

锻炼结束后的30~60分钟是身体补充燃料的窗口期，肌肉需要蛋白质来进行修复，需要碳水化合物来补充能量。

在锻炼后进行充足的休息和良好的饮食补充，能让肌肉的糖原储备在24小时内重新加满。如果缺少优质蛋白质和碳水化合物的补充，你会发现训练起来更加困难，身体无法恢复完全，并且总是感觉浑身乏力，所以一定要保证良好的饮食习惯。

跑步后摄取一些能够产生能量，帮助身体将所摄取的营养转化为能量的营养品，可以帮助身体从疲劳中快速恢复。如支链氨基酸、维生素B族、柠檬酸、维生素C、牛磺酸、辅酶Q10等。

（4）保证睡眠和休息

睡眠是最直接、最有效的休息手段，睡眠不好会直接引发更强烈的疲劳感，同时会导致体内应激激素升高，心跳加快，注意力无法集中。良好的睡眠可以迅速补充体能，可以使静息心率保持在一个较低的水平，这样跑步时状态就会更好，平均心率不会变得过高，对心脏的压力也不会变大。

如果周末要进行长距离跑步，那就更要保证睡眠的时长和质量。作为跑步爱好者，建议每晚至少要保证7小时的睡眠时间。睡得好，才能跑得好。休息也是跑步训练计划中的一部分，不经过充分的休息是无法完全消除疲劳的，并且很容易导致运动伤害。所以一定要保证睡眠和休息，才能循序渐进地跑下去。

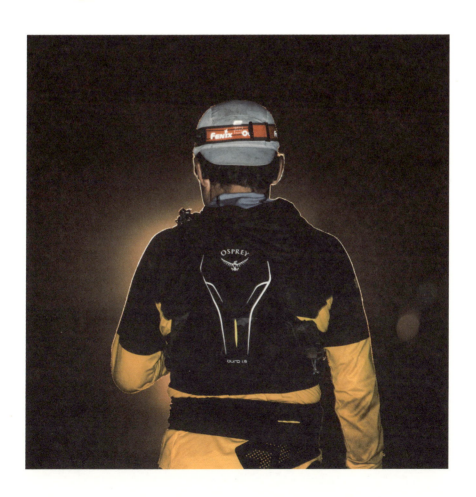

第二节
越野跑九大训练内容

一、耐力训练

耐力是长距离跑步运动的基础，也是重中之重。耐力训练的方式有很多种，最基本的方式就是——长距离慢跑（Long Slow Distance，简称 LSD）。这对于业余跑者而言是最简单、最方便的训练方法。它不像间歇跑操作那么复杂、过程那么痛苦，长距离慢跑只需要你慢慢跑。通过长时间的有氧慢跑提升耐力，增强心肺功能和循环系统能力，同时提高身体对抗疲劳的能力。这是一种让肝糖等能量长期维持的训练，可以为长距离奔跑打下良好的基础。

长距离慢跑的原则就是"慢慢跑、轻松跑"，在长距离慢跑训练中，速度并不重要，哪怕是徒步也行。配速和快走速度差不多，只要维持在比你正常的10公里跑速度每公里慢约50~60秒，或者是比马拉松配速慢30~40秒即可。如果觉得这些数据太抽象，那么简单来说，选择这个速度时，你能够边跑边轻松地说话，就对了。

在长距离慢跑中，最重要的是控制自己的速度，保持速度稳定，不要忽快忽慢。整个过程中，不要提速，即使状态特别好，也不要轻易提速。这个时候你应该跑在一个舒服的配速上，大概只需发力六七成，忘掉配速、忘掉数据、忘掉压力，只是奔跑，只有享受。这样的轻松跑让你有足够的时间和空间去聆听身体的声音，感受身体在轻松的状态下是一种什么样的感觉，最终找到属于自己的节奏。

长距离慢跑的另一个关键点就是"长"，一般来说，长距离慢跑每次最好超过15公里，至少是周跑量的30%~40%。比如对于想跑半马的跑者来说，长距离慢跑的距离可以设定为15~20公里；对于志在跑全程马拉松的跑者来说，长距离慢跑的距离可以设定为25~35公里。对于级别更高的100公里、100英里等超长距离越野跑来说，长距离慢跑的距离会更长，甚至可以达到比赛距离的60%~70%。当然，这也取决于你的赛事距离，比如针对100英里的训练，单次完成60%~70%比赛距离的训练强度就有点太大了。那么，可以在每周的训练进程中，安排连续两天分两次来完成超长距离的拉练，这种训练方式被跑者们称为"背靠背"，往往效果会非常好。

前面提到的"以赛代练"也是一个进行长距离耐力训练的好方式。对很多人来说，独自完成一个超长距离的训练无疑是艰难的，如果没有足够的毅力，可能随时随地想放弃。而这种以赛代练的方式，不仅可以让你完成相应的训练里程，更重要的是比赛环境为你提供了绝佳的锻炼机会：可以让你积累解决各种比赛问题的经验，切身体验高负荷运转下的身体状态，真实检验装备、饮食等物资准备是否合理等，从而更加全方位地了解自己。

在以赛代练的比赛中，不要害怕错误，甚至可以给自己试错的机会。在这些错误中吸取经验教训，找到问题、解决问题，这样就能降低真正比赛那一天犯错的可能性。不过需要注意的是，为了给身体留出足够的恢复时间，以赛代练与正赛的时间最好相隔四周以上。

由于越野跑的大部分路段是崎岖的山径野路且有海拔升降，因此前进速度往往会比平路慢很多，一般越野跑的配速几乎是平路跑速度的一半，所耗费的时间也就会多一倍。如果平时没有进行持续的长时间训练，那么就很难在一大段连续的越野跑中表现出像路跑一样的能力。很多跑者会在后半程发生抽筋、"撞墙"的情况，需要拼命补充盐丸、能量胶。其实归根结底的原因就是针对超长距离跑的耐力训练不够，从而导致肌肉的耐力不足。一定要在赛前重视长距离耐力跑的训练，一方面提高肌肉的长距离耐受力，减少抽筋发生的概率，另一方面从心理上更加适应超长距离。

耐力训练不仅是越野跑的基础训练，还可以培养跑者对长距离跑步的耐心和信心，其心理作用的效果也不亚于生理作用，永不言弃的精神是通过一次次长距离训练的坚持才能慢慢磨炼出来的。

二、速度训练

为什么超级马拉松的耐力跑者还要进行速度训练？因为速度训练时间短、效果好，而且在比赛日带给你的好处不仅仅是提升你的速度——持续合理的速度训练，还可以让奔跑更加有效，也让你的肌肉变得更有力、更强壮。

一般的超长距离跑者都是慢肌比较发达，而速度训练能够加强我们的快肌，让身体有能力在不同的肌肉纤维之间进行切换。在比赛中，不管是想要在单人道上超越别人，还是甩开后面的竞争者，你都会想要跑得快一点，再快一点。速度训练便能让你在这样的时刻底气十足。那些精英跑者的高级训练计划中更是不会缺少速度训练，这是他们在超马的高水平舞台上绽放光芒的"王牌秘籍"。

（一）节奏跑

节奏跑主要用于训练乳酸门槛。节奏跑训练需要做到定时定速，强度要求达到最大摄氧量（VO$_2$max）的84%~88%，心率需要达到最大心率的89%~92%。目的在于加强较长时间内维持较为吃力的配速的能力。

节奏跑训练强度大、时间长，因此对跑者的体能要求很高，即使是最专业的跑者，要持续1个小时也有一定难度。很多普通跑者往往达不到这个强度，即使达到了也维持不了长时间。

需要注意的是，节奏跑真正的训练时间只计取期间真正达到训练强度的那一段，开始的加速阶段和最后的降速阶段是不计入节奏跑训练时间的。

（二）间歇跑

间歇跑主要训练最大摄氧量。间歇跑的训练模式是跑一段，休息一段，再跑一段，再休息一段，如此循环，让身体在不完全恢复的状态下反复训练，最终让你可以保持更长时间的最大摄氧量水平。

间歇跑训练时需要达到最大摄氧量（VO$_2$max）的95%~100%和最大心率的90%~100%，一般训练距离为500~1000米，然后进行一次休息，这样为一组。连续进行多组，训练时间和休息时间的比例为1:1。

亚索800（Yasso 800s）是著名的间歇跑训练法。训练流程是：800米的快速跑（操场2圈）后接休息与跑800米相同的时间，如此为一组，一般进行10组。如：用3分30秒跑完第一个800米，休息3分30秒后再跑第二个800米，如此循环10组。初学者若能力不足，可以从3~4组开始循序渐进地练习。

间歇跑不是越快越好，只要达到最大摄氧量就好，片面追求速度，容易变成冲刺跑，从而导致下一组训练效率下降。一般采用心率监测来控制训练的强度，每组尽量做到不掉速，组间休息时间基本一致，尤其是后面几组不要因为体能下降而延长休息时间。间歇跑训练强度大、效果好，但如果训练后出现呕吐或体能透支等情况，那要适当降低组数或复查心率是否超标。

在越野跑中，每一次上坡就是一次间歇跑。通过间歇跑训练可以提升跑者的速度和更高的心肺适能，从而帮助跑者更好地应对连续上坡，上坡时快速代谢乳酸。速度更快，就能快速拉开距离，建立赛中优势。

（三）巡航间歇跑

巡航间歇跑主要用于训练乳酸清除能力。以节奏跑的强度进行一次跑步，然后进行一次休息，这样为一组。连续进行多组，训练时间和休息时间的比例为5∶1。

简单来说，就是采用类似间歇跑的分组模式来跑节奏跑。比如，1公里的节奏跑，用时5分钟，组间休息为1分钟。如果是2公里的节奏跑，用时10分钟，那么组间休息时间就是2分钟。

如果觉得休息时间太长，使得下一组的完成较为轻松，可以适当调整休息时间。但为了保证训练质量，不建议休息时间太短。不过，乳酸是需要一定时间清除的，如果休息时间太长，就达不到提升乳酸耐受能力的效果。

在越野跑的训练计划中，速度训练相对短小精悍，但浓缩的都是精华，一定要认真面对。如果你实在不喜欢或者不愿意进行速度训练（这可能是很多跑者的共性），你也可以在长距离训练中用变化多样的快速奔跑来代替所谓的间歇训练，效果也会很好，因为这样的奔跑更贴近实际参赛时的状况。如果有条件能够在类似越野跑的非铺装路面上进行速度训练会更有效果。速度训练往往比较痛苦，但如果有个小伙伴可以一起训练，就会变得容易一点。

（四）台阶训练

如果你实在不想进行速度训练，但又想达到同样刺激心肺的效果，还有一个选择就是台阶训练。台阶训练会比速度训练中的速度要慢些，但对心肺和肌肉训练的强度更高。所以从某种意义上说，一次次重复的台阶训练，也相当于是间歇训练了。这也是很多精英跑者采用的间歇训练方式。

台阶训练的技术要点和上坡练习比较类似，要保持身体直立，利用臀大肌和核心的力量把身体往上移动，而不是靠先迈出的腿来抬起身体。台阶训练的方式类似于间歇训练，完成一组后，要给自己一定的时间恢复调整，让心率下降后再进行下一组。

最后需要注意的是：上台阶训练和下台阶训练不要同时进行，因为太费膝盖，容易受伤。如果有电梯，可以借助电梯。如果没有电梯，完成上台阶训练以后慢慢走下来，完成下台阶训练以后慢慢走上去。

三、力量训练和核心训练

很多跑者会重视力量训练和核心训练，有不少越野跑高手同时也是健身达人，他们会通过力量训练和核心训练填补有氧训练的短板。有很多高手并不是一味地依靠堆跑量来进行训练的，但却能在不高的跑量下以优秀的成绩完成超长距离的越野比赛，其中的诀窍就是重视力量训练和核心训练。

举个例子，江南百英里唯一跑进24小时的"江南Oneday"女将谢雯菲，与同水平的选手相比，跑步在她的训练时长中占比并不高。比如一个月的训练时间是80~90小时的话，跑步大概只占1/3，作为健身教练的她认为力量训练不可或缺。在她看来，有时长距离跑步受伤的主要原因是肌肉力量不足。让很多跑步爱好者犯怵的力量训练大有裨益，其实只要肌肉力量增强了，在越野跑比赛中，无论上坡还是下坡，都会更加得心应手，受伤的风险也会降低很多。所以，她不以跑步为单一的训练方式，而是切换不同的训练模式来促进整体能力的提升和避免伤病，这是她长距离制胜的秘诀所在。

毕竟在长距离耐力赛事中，全面素质过硬是非常重要的。强大的肌肉力量和强壮的核心肌群，能带来强健的体态，这些都能大大缓解数小时甚至几十个小时持续运动所产生的疲劳。

（一）力量训练

力量训练同时也是预防受伤的利器，能提升睾酮和人体生长激素的循环水平，这些激素有助于身体修复肌肉损伤。

想要提高越野跑能力，我们需要锻炼的肌肉包括有：股四头肌、股二头肌、腓肠肌、比目鱼肌、臀大肌、背部肌群。简单来说，跑步用到了腰腹、后背、臀部、大腿、小腿等肌肉群。

下面我们来看看，究竟如何锻炼这些与跑步相关的肌肉。

1. 腿部、臀部肌肉

股四头肌、股二头肌分别在大腿的前后两侧，组成了粗壮的大腿。而腓肠肌、比目鱼肌组成的肌群，也就是我们通常说的小腿。臀大肌则顾名思义，就是我们通常说的臀部。一般来说，将这些肌群放在一起锻炼比较适合，也就是我们平常说的"练腿日"。

（1）深蹲

最推荐的动作就是深蹲，它是三大黄金动作之一，也是训练全身大肌群的综合动作之一，绝对是每一个喜欢运动的人都不应当错过的锻炼项目。

目标位置：股四头肌、臀大肌、臀中肌

动作要领：

①腰背挺直，脚跟与肩同宽，膝盖与脚尖方向一致，不要内扣；

②下蹲动作自然流畅，臀部向后移动，至最低点时大腿与地面近似平行，然后起身还原。

注意事项：全程保持腰背挺直。

（2）箭步蹲

在你做完深蹲，或者当你觉得还做不了深蹲的时候，来一组箭步蹲，它绝对是让你腿部力量进阶的阶梯。

目标位置：股四头肌、臀大肌、臀中肌

动作要领：

①左腿在前，右脚脚尖点地支撑；

②同时弯曲两腿，竖直蹲下，蹲至双膝均呈90°；

③左脚脚后跟发力蹲起至站立姿势。交换方向，重复动作。

注意事项：全程保持腹部收紧。

（3）俯卧哑铃腿弯举

这是锻炼股二头肌的好动作——俯卧，双脚夹住小哑铃，进行上下运动。

目标位置： 股四头肌、腘绳肌、臀大肌

动作要领：

①用双脚夹住哑铃并弯曲膝关节，使小腿大致与地面垂直；

②缓慢放低哑铃，直至感觉大腿后侧腘绳肌绷紧，此时小腿大致与地面平行；

③通过腘绳肌发力，把小腿和哑铃拉至起始位置。

注意事项： 选择合适重量的哑铃，切勿贪重。

（4）站姿提踵

这个动作可以有效刺激你的腓肠肌、比目鱼肌，用最简单最直接的方式，刺激你的小腿。

目标位置： 腓肠肌、比目鱼肌

动作要领：

自然站立，双手叉腰，脚跟抬至最高处，稍作停留后下落。

注意事项： 轻轻抬起，轻轻放下。

锻炼频率： 每周一次，每个动作做四组，每组重复8~12次，组间休息不超过30秒。

2. 背部肌肉

背部肌群的训练往往会被大家忽视。很多人会认为跑步用不到上半身的肌群，所以练上半身没用。但是当你在跑步时，特别是进行较长时间的跑步时，下背部和脊柱两侧的肌肉可以提供稳定性和支持力。

背部肌群是人体的三大肌肉群之一，发达的背部肌肉群可以帮你抵御冲击，保护脊柱，尤其是下背部肌群，发达的下背部肌群可以很好地保护你的腰椎。据统计，下背部发达的人，其患腰椎间盘突出的概率要比一般人低70%~80%。

你的腿每跨出一步时，你的椎骨就会承受大部分冲击力。如果你的核心肌肉不够结实，这个冲击会更猛烈，更容易导致下背部疼痛。

（1）YW 交替伸展

目标位置：背部肌群、斜方肌

动作要领：

①俯卧在瑜伽垫上，双臂与身体呈Y字，手部自然伸直，大拇指朝上；

②肋骨不要离开地面，手部用力上举，同时后缩手臂至与身体呈W字，夹紧双肘，感受中背部肌肉发力，背部中间被挤压。

注意事项：注意收腹，否则练的是腰部。

（2）哑铃俯身飞鸟

如果你做不动引体向上，可以用这个动作来代替，以此发展你的背部肌群。

目标位置：背部肌群、肩后束

动作要领：

①双脚分开，俯身约90°；双手对握哑铃，拳心相对；手肘微屈，双臂垂直于地面；

②上举时双臂用力向两侧伸展，同时转动手臂，使拳眼朝下；

③绷紧肘关节，肩部发力，想象整条手臂与哑铃成为一个整体在运动；

④下放时注意保持动作节奏，有控制地缓慢下放；

⑤动作中始终收紧腰背，避免弯腰。

注意事项：切忌夹背，背部肌肉过度借力。

（3）哑铃硬拉

目标位置：背部肌群、腘绳肌、臀大肌、臀中肌

动作要领：

①双脚与肩同宽，腰背挺直，双手握住哑铃，拳心朝内；

②下降时肩部下沉向后收紧，下背部绷紧挺直，下至手肘窝高度接近膝盖即可；

③脚后跟发力带动拉起哑铃，哑铃过膝后收紧臀部站直身体，哑铃贴着腿两侧运动，拉起后，肩胛骨后缩，夹紧臀部。

注意事项：切忌弯腰弓背。

锻炼频率：每周一次，每个动作做四组，每组重复8~12次，组间休息不超过30秒。

对于跑者而言，小重量高重复的练习更加有效，上面这些动作也遵循了这个原则。为了增加难度，可以选择增加重复次数，而不是增加更多的重量。

3．膝关节训练

跑步运动中，膝盖问题可能是困扰跑者最多的问题之一。人类的行走方式由四肢着地进化成为直立行走，为了适应这种变化，膝盖的功能也进行了不断地演化，膝关节逐渐成为人体关节中最大且最为复杂的一个关节。当然，越复杂的结构就越容易出现问题。

膝盖的主要内部组成结构为半月板以及周围的韧带，半月板是一块新月形的软骨，作用是缓冲膝关节的震动，避免两块骨头的直接摩擦。半月板的前后左右由四条韧带进行支撑定位，这些韧带的主要功能就是防止关节轴离位，产生不必要的移位。

膝盖是下半身的枢纽，要支撑起整个人，所以非常容易在运动时受伤。引起膝关节疼痛的原因有很多，主要有：

（1）劳损、不良姿势引起的膝关节疼痛；

（2）运动损伤引起的膝关节疼痛；

（3）骨关节炎引起的膝关节疼痛；

（4）风湿性关节炎引起的膝关节疼痛。

无论是哪种膝盖痛，由于肌肉紧张和膝关节不稳定造成的运动功能失调，往往都是疼痛最为常见的原因。尤其是超重的人群和经常进行高强度运动的人群，更容易产生膝盖痛的问题。

有数据显示，每超重1公斤，膝盖将会多承受6倍的负担，比如，超重5公斤的人，膝盖将会增加30公斤的负重。想象一下将大卡车的车身架在小轿车轮胎上的情形就可以明白一二了。

预防膝盖受伤的不二法门，就是拉伸和加强膝盖周围的肌肉力量。良好的柔韧性和强壮的肌肉能给膝关节提供更多的支撑和保护，减少落地时对膝盖的冲击，从而避免受伤。

六个针对性的训练动作，对防止膝盖伤病很有效。

（1）站姿大腿前侧拉伸

目标位置：大腿前侧股四头肌

动作要领：站姿，身体正直，右手可以扶墙保持身体稳定，屈左膝，左手固定于左脚踝，左大腿指向地面，保持此姿势15~30秒，换另一侧重复，做3~5组。

注意事项：骨盆保持不动，左大腿垂直于地面。

（2）坐姿大腿后侧拉伸

目标位置：大腿后侧腘绳肌

动作要领：坐姿，双腿伸直，勾脚尖；双臂伸直，上半身前倾，尽量使双手触碰到脚尖方向。保持此姿势15~30秒，做3~5组。

注意事项：保持上身正直，不要弓背；腿伸直，不要屈膝。

（3）坐姿大腿内侧拉伸

目标位置：大腿内侧肌群

动作要领：坐姿，屈膝，脚掌相对，脚跟尽量靠近坐骨，双膝尽量贴向地面，保持此姿势15~30秒，做3~5组。

注意事项：保持上身正直，不要弓背。

（4）站姿大腿外侧拉伸

目标位置：大腿外侧肌群

动作要领：身体正直，左腿伸直置于右腿后方；弯腰将身体重心下压，感受到左腿有拉伸感，保持此姿势15~30秒；左右脚交换后重复一次，做3~5组。

注意事项：感受大腿外侧有拉伸感，保持后腿伸直。

（5）站姿小腿后侧拉伸

目标位置：小腿后侧肌群

动作要领：上半身身体正直；双手扶前方大腿以保持平衡，右腿伸直，脚跟放于地面；髋关节尽量往前，感觉右小腿后侧有拉伸感；保持此姿势15~30秒，换另一侧重复，做3~5组。

注意事项：动作起始状态时一定要保持上身正直，腿伸直。

（6）靠墙静蹲

目标位置：增加膝关节的稳定性

动作要领：背向墙壁站立（双脚和墙的距离约为大腿长度），上半身保持正直，并贴紧墙面，髋关节和大腿保持90°~120°，大腿和小腿呈

90°~120°；膝关节指向脚尖方向，保持此姿势15秒以上，做3~6组。

进阶：在靠墙静蹲的基础上，可以进行夹球静蹲、橡皮带静蹲等进阶姿势以增加难度，给肌肉带来更多的刺激。

注意事项：保持上身正直，小腿垂直于地面。

这6个动作中，前5个为拉伸动作，拉伸的好处是可以增加肌肉的柔韧性和收缩肌肉的力量。拉伸后肌肉与肌腱的运动范围增加，安全活动的范围也增加了，从而避免运动损伤发生。

最后一个"靠墙静蹲"被誉为增加膝关节周围肌肉力量的"黄金动作"，这个训练可以强化股二头肌、臀大肌、股直肌、股中间肌、股外侧肌、股内侧肌，这些肌肉正是跑步中的主要肌肉，这些肌肉强大了，也就从根本上降低了受伤的可能性。由于这个动作是静态动作，所以对膝关节不会有太大的压力，冲击力小。需要注意的是，膝盖位置不要超过脚尖，否则膝盖将承受额外的压力，反而不好。这几个动作记得要经常做，让膝盖越来越强劲。

（二）核心训练

另外和跑步密切相关的是核心肌群，也就是我们说的腰部与腹部。对于跑者来说，核心肌群的强大就意味着稳定，它是不可缺少的肌群，是名副其实的"核心"。你的核心肌群就像一个发电站，如果不够强健，跑步时的发展动力就会不足，随之产生许多无用的动作，从而降低成绩，甚至导致伤病。

核心训练能帮助你在高高低低、坑坑洼洼、乱石嶙峋的山野间，保持身体的平衡和灵活，保持正确的跑步姿态，可以在长时间的奔跑中降低受伤概率。下面一组动作可以加强你的核心力量。

（1）平板支撑

无论在哪里，平板支撑都是锻炼核心肌群最简单的方式。

目标位置：上腹部、下腹部

动作要领：

①屈肘，小臂与前脚掌撑地，耳、肩、髋、膝、踝呈一条直线；

②手肘朝脚的方向用力，脚尖用力向前勾起，与地面摩擦力对抗，小臂按紧地面。

注意事项：腹肌力竭后即可休息，不必硬撑。

（2）侧平板

要注意，核心肌群包括腰部两侧肌肉，这是通常最易被忽略的地方。

目标位置：侧腹

动作要领：

①左手肘支撑在瑜伽垫上，左侧大臂垂直于地面，右手叉腰；双脚并拢；

②全身收紧，保持身体呈一条直线。

注意事项：切忌臀部下塌。

（3）臀桥支撑

如果你想拥有翘臀，那么这个动作是不二选择，同时还能激活背部深层稳定肌群。

目标位置：臀大肌、臀中肌

动作要领：

①仰卧于瑜伽垫上，双腿屈曲略宽于肩，脚跟踩地；

②发力将臀部抬起至大腿与身体呈一条直线，臀部抬起时上背部支撑地面；

③下落时下背部贴地，但臀部悬空。

注意事项：切忌过度挺腰。

（4）屈膝收腹

其实据我知道的卷腹动作有近十个，但是无论哪一个，都能刺激你的上腹部与下腹部的肌肉群。

目标位置：上腹部、下腹部

动作要领：

①后仰坐于瑜伽垫上，臀部着地，手臂后伸撑地，双腿微曲，腹肌绷紧稳定身体；

②收腿同时收腹，身体微曲，然后还原至初始位置。

注意事项： 尽可能用腹部发力，可增大背部弯曲的幅度。

锻炼频率： 核心肌群疲劳得很快，你只需要每周训练2~3次，选3~4个动作，每个动作做四组，每组做10~16次，组间休息不超过20秒即可。

四、爬升训练

越野跑会有大量的爬升，这是和路跑最大的区别之一。但爬坡绝不是一件容易的事，那种气喘如牛、举步维艰、连绵不绝的绝望，我想很多跑者都经历过。爬升训练作为很重要的专项训练必须加入到日常训练计划中来，以此构建你的肌肉力量系统。同时要在心理上做好准备，来应对连绵起伏、不断重复的爬升，这会在比赛日带给你最直接的回报。

爬升训练有多重要呢？这么说吧，如果你只是在训练中加入十几分钟的爬升训练，那是远远不够的。爬升的训练量至少要达到和比赛同样多的爬升量，比如你下一个比赛中要面对一个长达10公里的爬升，那么在赛前的训练中也要达到这个爬升量。这可能意味着你需要花费一整个训练日的时间完完全全耗在爬升上，但这会让你在比赛日可以轻松面对爬升的赛段。

需要注意的是，爬升训练和下坡训练最好不要同时进行。当你苦练爬升的时候，下坡就要尽可能轻松简单，反之亦然。

（一）上坡的技术要点

上坡时应尽可能地保持背部挺直并稍微前倾，避免耸肩和背部弯曲向前。维持抬头挺肩的体态，这样能够通过打开胸腔，给肺部扩张留出足够的空间，从而有利于顺畅呼吸。

目光最好停留在前方大约5米处，这点非常关键。因为在野外的山径上，可能有倾斜的树枝、迎面跑来的跑者、突然出现的非机动车或是其他各种潜在的风险。把注意力放在这一段距离上，不仅能让你看清楚一点点呈现出来的前方，也能让你的大脑对当下周边的环境改变做出最快的反应。根据周边的环境和路面的技术特点，可以适当调整你的目光，但是最好避免盯着脚下。

上坡，一般采用小步幅高步频的方式。想要追求速度的话，前脚掌或者脚掌中部落地是最好的方式。同时，别忘了手臂动作，通过手臂前后摆动，进行大范围、强有力的挥臂动作，也能产生很大的动能，为上坡切切实实地增添"一臂之力"。

在上坡中，因为跑步的方式和发力的程度不同，用到的肌肉群多种多样。有时是小腿肌肉群，有时是臀部的肌肉群，有时则是腹部和髋部的肌肉群。可以在练习中尝试通过启动更大的肌肉群来使力量达到最大化。当路面发生改变，可以尝试使用不同的肌肉群，让各肌肉群轮流发力，同时得以轮流休息恢复。比如：当向上爬升时动用最多的是小腿肌肉群，如果遇到陡峭的山峰，就可以借助手和膝盖来转换用力点，或者更多地使用股四头肌，减轻小腿肌肉群的压力。合理分配发力点，让各个肌肉群都能轮流得到休息，避免某一处的肌肉超负荷运转。

（二）上坡的原则

记住：在越野跑中，上坡的重点是"省力"，而不是速度。因此，很多跑者会在部分山区地形路段干脆用走的方式（Power Hiking），这是比普通徒步速度更快的快速行走，比跑步更能保持步伐稳定，还能节省体能。其目的是为比赛中更陡峭、更艰苦的上坡路段节省一些体能。快速行走可以帮助你的身体在困难的赛程中节省能量和肌肉力量，做好准备，以便在"油箱"中仍有燃料储备，为比赛后期燃烧赋能。

另外，还可以通过走"之"字形的方式来分解连续上陡坡的强度，以此来节省体能。上坡时要保持放松，过度紧张会导致不由自主地紧绷肌肉、屏住呼吸，反而可能让上坡变得更加艰难。不时地调整呼吸，放松肌肉，当道路难度逐渐增加，仍然要努力在控制和放松之间找到平衡点。一些技术型跑者甚至会去数自己每一次呼吸的步数，然后根据这个数字来调整脚下的节奏。

（三）学会合理使用登山杖

如果你打算在比赛中使用登山杖，那么你可以在训练的时候就找机会使用它。毕竟在面对艰难的爬升时，使用登山杖是非常管用的方法。使用登山杖时通过手臂发力辅助前进，由此把上升的作用力分摊到你的上身力量中，从而在之后的比赛中保护你的腿部肌肉，缓解上坡的肌肉压力，节省你的体力，同时也能在下坡时降低冲击力。

使用登山杖上坡时应该轻握把手，将杖先插入前方地面，脚踏在两杖之间的位置，然后将杖尖用力抵在身体核心旁边的位置。

五、下坡训练

越野跑高手在下坡时可以如蜻蜓点水般轻盈流畅，看上去简直像会轻功一样。不但赏心悦目，还可以在比赛中节省不少时间。下坡慢的人

还在坡道上慢慢挪动，下坡快的人早就飞奔到了山脚。下坡是越野跑的"亮点"，也是技术的难点。俗话说：上山容易下山难。在越野跑中，练就下坡"神功"比掌握上坡技术要困难得多。

普通跑者面对下坡，通常只能放慢速度，身体向后倾斜，边刹车边前进。速度慢不说，还非常容易失去平衡摔倒受伤。这样的姿势让股四头肌和下背部都承受了很大的压力，身体很快就会筋疲力尽。要改变这个状况，只有通过反复练习才能练出脚感，练出速度。

（一）下坡的技术要点

正确的下坡动作是你的重心在你的身体中心上方，膝盖微弯，用前脚掌或者足中部着地并保持平衡，小步幅、高步频。控制好下坡速度，双脚贴着地面又快又轻地掠过，就像小时候玩耍时蹦蹦跳跳的那种步子。

不要用重重的步子砸向路面，下坡时轻快的步伐反而会让你更加安全。比如在碎石路面，如果脚步足够轻、足够快，落地的每一步便不会对脚下石块产生很大的推力，在触地的一瞬间，这些石块相对是不会移动的，反而是磨磨蹭蹭、犹豫不决的时候，这些石块便会开始移动，不再稳固。

一直用前脚掌轻快地落地是比较容易让身体疲劳的，当路面状况足够简单的时候，可以改为全脚掌着地。全脚掌着地会和地面产生更多的接触面积，同时改变足部、腿部的受力方式，让部分肌肉得到休息和放松。同时，全脚掌着地还能在需要的时候帮助身体迅速减速。

下坡时可以向外伸展手臂来保持平衡，就像飞机的机翼一样，让你的手和脚保持协调一致的流线和节奏。另外，当你突然向外侧移动来保持平衡时，打开的手肘能帮助你保持身体重心。

如果路面情况复杂，比如乱石丛生，可以试着侧面横向移动，看上去有点像"鸭子步"，虽然不怎么漂亮，但是很实用。当你向外侧转动你的脚踝时，身体是自然往侧面横向的，这时想要迈大步便不太可能。这种姿势能够增加身体稳定性，同时也能保护你的脚踝在复杂的地形下不容易受伤。

对于树根下坡路段，尽可能选择没有树根的落脚点。对于碎石下坡路段，碎石之间的泥土地是理想的落脚点。如果没有这样的落脚点，就要迈着足够轻快的脚步走下坡路。

下台阶的时候，尽量选择落差较小的位置垂直往下，减少对关节的冲击力，注意有些石台阶的边缘会有湿滑的青苔，踩上去容易打滑摔倒。

如果面对比较陡的下坡，要保持上半身垂直，微微前倾，脚尖和身体对准前进方向，同时尽量把步幅缩小。落脚点尽量选在稳固的平坦位置上。另外，可以通过走"之"字形的方式来分解陡坡，减少高落差对身体的冲击，减轻肌肉和膝盖压力。

（二）下坡的原则

利用重力下坡，这是下坡的原则，需要时刻铭记于心。面对下坡，如果一味地刹车减速，只会给膝盖造成不必要负担，我们可以充分利用重力加点速度，顺势下坡。但这个确实不容易做到，大多数人对快速下降有着本能的恐惧，这就需要不断地去进行实际练习，积累经验，慢慢消除快速下坡的恐惧。

跑下坡时大腿肌肉群十分重要，如果没有强有力的股四头肌和臀大肌，在连续的长下坡时就会出现抽筋、膝盖疼痛等状况。因此跑者往往需要更全面的肌肉力量，在跑步训练的间歇中要特别加上这一部分的训练计划。可以尝试进行短距离的下山冲刺练习，选择一处陡峭的下坡，不断重复，进行集中专项练习。

相对于上坡，下坡更需要保持最佳视线（前方大约5~10米区域）。因为下坡的移动速度快，视线会比上坡时模糊，有时候甚至来不及看清周围，就已经冲过去了。快速下坡时需要不时地、快速地扫描脚下和前方，在确保安全的情况下迅速规划好接下来的几步，让身体像蜻蜓点水一般，调节着落脚点和落脚的力道，自然流畅地下山。

下坡前记得在山顶补充能量，切忌一边下坡一边吃东西，这是非常危险的举动。

六、环境训练

（一）夜跑训练

大多数越野跑比赛的距离和完赛时间决定了参赛者必须经历一晚甚至几晚的夜间路段，参赛者必须在没有自然光的环境里跑上一段时间。夜跑的最佳训练手段自然就是在漆黑的夜里跑上一段，它能帮助模拟在比赛中夜跑的真实情况。在黑暗中，很多熟悉的场景会变得不一样，找路的难度会以指数级上升。必要的夜跑训练，让你能够习惯处理夜间的视觉问题，克服心理恐惧感，同时也能检验像头灯这样重要的夜间装备。

当针对某一场比赛进行训练时，如果能够在夜里去实际赛道上跑上一段，这是最好不过的做法。但是大多数情况下，这是不太现实的。

1. 夜跑训练要点

夜跑训练不要追求速度和效率，不要尝试增加间歇跑或节奏跑。放慢速度，积累里程，锻炼自己和黑夜共处的能力才是重点。

夜晚可能和白天存在较大的温差，要确保穿上足够保暖的衣服，防止失温。最好穿上带反光的、颜色明亮的衣服，并在胳膊或者腿上穿上带有反光或发光功能的装备，这样更容易被看见，从而更加安全。夜跑时可以将有帽檐的帽子换成无檐的帽子，这样就不会阻挡你的视线。那些坑洞、树枝、铁丝网、湿滑的树叶，以及各种障碍物在夜间都会变得很难看清，所以一定要特别注意安全，注意力要保持高度集中。如果是在马路旁边跑，要逆着车流的方向跑。

夜间在野外跑步，照明基本上只能靠头灯，因其投射区域范围极其有限，所以要加倍小心周边的环境，尤其需要注意那些在照射盲区的树枝、沟坎和其他障碍物等。在夜跑训练中，要熟悉头灯的功能和设置，比如：更换电池、调节亮度，以及电池的续航能力等。有时候，说明书的理论值和实际使用数据会有很大的差异，必须提前进行测试。

如果条件允许，可以找几个朋友一起进行夜跑训练，尤其对于女性来说，这一点更为重要。相对于一个人在夜里跑，有同伴不仅更安全，也会大大缓解紧张的情绪，让整个过程更为轻松有趣。

夜跑训练中，不要忘了对夜间饮食的测试，了解自己在夜间每隔一定时间进食时的身体反应，从而找到最适合自己的夜间能量补给模式。

最后，如果有条件的话，在训练中安排1~2次模拟比赛日那种从日落跑到日出的训练。相当于模拟了在赛事中夜跑的真实情况：经过白天一天的奋战，你必须在疲惫中进行夜战。

不需要跑得很快，只需要熬过整个夜晚。这种完全拟真的训练，会大大提升你的夜跑能力，让你能够克服对整晚夜跑的恐惧。对新手来说，能大大减少退赛的可能性。需要注意的是，进行这样的训练之后，要进行充足的休息和恢复。

2．比赛时夜跑要点

赛前一周尽可能地多补充睡眠，让自己体能充沛。在夜间奔跑更需要让自己保持清醒。如果确实很困，可以在路边找个安全的地方席地而坐，打个盹，这能让你的精神和情绪都得到很好的恢复，但时间最好不要超过半小时。如果咖啡因对你有效，可以在赛前一两周减少饮用，这样咖啡在比赛中的效果可能会更好。如果有条件，在夜间补充一些温暖的食物往往是个不错的选择。

进行夜跑训练时，记得带上保温毯，最好也带上防水的外套和裤子。如果不愿意携带无檐的帽子，那么推荐带上脖套，既可以套在头上作为头带来缓解戴头灯的不适，还可以防尘、擦汗，也可以围在脖子上保暖。

另外，头灯的携带与使用也大有讲究。制订头灯的使用计划，延长头灯的续航时间，以确保其在整个夜晚都能够使用。比如在技术性下坡时调高亮度，在缓慢上坡时就要调低亮度。同时带上满电的备用电池，夜间的低温环境会比白天更容易耗电。当你进入补给站时，请记得关掉头灯。头灯亮度最好在300流明以上，最好带2个头灯，因为有不少跑者都曾遇到头灯出故障的情况。如果可以的话，在腰上也配上照明设备，这样光线就能更靠近地面，视线也更加清晰。为了更好地看清路标或树根，有些跑者会额外再带上一个手电筒，能够灵活扫射四周，发现那些不容易注意到的路标或特定的物体。这种头灯搭配一个腰灯或是一个手电筒的双光源方式，既能缓解眼睛的疲劳，又能看得更广、更清楚，让夜跑更安全。

由于睡眠不足，长时间跑步会导致筋疲力尽，加上光线昏暗，尤其在天快亮之前，很容易产生幻觉。不用担心，这很正常，天亮之后这些幻觉都会有所缓解或者消失。

（二）雨战训练

雨中训练能让运动员更强大。在野外跑步，下雨是最常遇到的天气状况。因此在雨中进行几次针对性训练，能让你更早发现下雨时会出现的这样或那样的问题，也能检验装备是否能应对这样的环境。及早发现问题，

解决问题，不打无准备之战。

1. 雨战训练要点

在雨中跑步训练，应该降低配速，减小步幅，雨中跑步太猛的话容易导致受伤。当遇到水坑和转弯时，通过膝盖弯曲来降低重心，可以避免在跳跃或转弯时身体过紧而导致跟腱和韧带受伤。

遵循多层穿衣的原则：

（1）透气层：将汗水和热量从皮肤传导出去，保持皮肤干爽；

（2）保温层：保持温暖的体感贴近身体，保证整个服装系统的温度不会很快流失；

（3）防护层：有效隔离身体与外界，抵御风吹雨雪，同时排出多余水分。

由于雨天视线不好，所以我们偏向选择颜色靓丽的衣服，增加可视性的同时，容易被人或者被车看见，也增加安全系数。同时，选择吸湿排汗的衣服，而不是湿了就变得又重又冷的棉质衣服。尤其是面对低温或者温差大的天气，潮湿会让人感觉更加寒冷。注意核心部位的保暖，很多人肚子受凉就会拉肚子。

戴上透气的、有帽檐的帽子，避免雨水混合着汗水落入眼睛，这样既不舒服，也很危险。

避免在雷电、暴雨、台风等极端恶劣天气训练，如果在训练时遇到了这样的天气，一定要想办法先撤回到安全的地方。如果训练中或者比赛中碰到雷电暴风雨天气，而且正巧跑在山脊线上，由于完全暴露在大地之中，非常容易成为被闪电击中的目标，这时要尽可能快地回到树林里。注意不要躲在孤立的大树下或靠在大树上，这样很容易被雷击。尽量利用能做掩体的东西躲避，例如一堆岩石的后面，抑或是一块大石头的下面。如果实在无处可躲，必须尽可能地蹲低身体。要注意远离导电的水源。同时，如果你带了登山杖，千万不要把它插在背包上，否则你就成为一根"避雷针"了。

雨天在山里训练会遇到很多状况，比如山路可能比较泥泞、小溪的水会暴涨、气温也会不断变化。带着良好的心态去训练，这会是一次宝贵的经验积累。但与其说是训练，不如说是准备，甚至更多的是精神上的准备。

2. 比赛时雨战要点

赛前务必了解清楚比赛几天的天气，为各种天气变化做充分准备。如果是寒冷的下雨天，可以带上一件轻量的防风防雨外套或者冲锋衣。也可以在赛前喝一些热饮，让身体多一些温暖，避免还没起跑就失温。

发枪前，尽可能让自己保持温暖干燥，可以穿上一次性雨衣或披上保温毯，实在不行套个大号垃圾袋也可以。在换装点以及终点准备额外的可以更换的衣服或保暖的毯子。

雨战时建议穿防滑的跑鞋，这类跑鞋的大底凹槽更深。如果只是小雨或潮湿，尽可能保持脚部干燥，可以穿两层薄袜。穿具有防水性能的跑鞋，比如采用Gore-Tex材质的跑鞋，也可以在鞋子上喷上防水层，来保持脚部的干燥舒适。防水对于徒步远足非常有用，但对于大多数越野跑，防水不是最重要的。如果是大雨，再防水的鞋也没有用，因为时间一长，雨水会沿着你的腿一直淌进鞋内。对于越野跑来说，跑鞋的高度透气性能比防水更重要。

遇到小河小溪需要涉水的话，湿鞋很难避免。要选择穿排水性能良好的鞋子和袜子。记得随身带上一双备用的袜子，这样能让你在涉水时更加安心。过河的时候注意湿滑的石头，迈步的时候一只脚站稳了再移动另一只脚，并且利用双手或者登山杖来保持平衡。否则的话，遇到滑溜溜的石头很容易就摔个四脚朝天。如果水很深或者水流很急，最好是和其他跑者一起走，这样更加安全。如果是一个人，可以尝试找到一条更容易、也更安全的路线穿过水流。

下雨天大概率会出现泥地，有些越野跑鞋的鞋底具有自洁功能，不会吸附很多泥土，当然也有一些越野跑鞋反而更容易吸附泥土。这主要取决于鞋底纹路的设计、齿花的深度以及泥地的类型。所以，如果预判要遭遇泥地，提早测试一下越野跑鞋是否会吸附大量泥土就显得尤为重要。

雨战时带上登山杖，可以帮助你在湿滑的赛道上拥有更多的支撑。注意保护电子设备，建议给携带的电子设备都套上防水袋。

下雨时，身体的易摩擦部位会变得更容易擦伤。应该提前在容易摩擦的部位涂上凡士林或贴上防水创可贴，注意保持这些部位的干燥。选择紧致轻盈的服装，尤其是裤子，这样能减少擦伤发生的概率。

七、耐热耐寒训练

（一）高温训练

当气温超过28℃的时候，跑者的混氧能力将大幅下降，这是因为运动时产生的热量无法快速散发，体温持续升高，制约体内各种酶出现生化反应，从而抑制能量对肌肉、器官的供给。高温会导致运动能力下降，研究表明：当气温在16℃以上，每增加3℃左右，则会使你的配速增加13~20秒/公里。再加上大量出汗，水分、电解质的迅速流失加剧肌肉的疲劳，哪怕是在同样的配速下也会觉得比之前要吃力，心率更高。比如，你之前跑5分钟的配速心率是150，但是高温天气下则轻易就上升到160以上。

1. 高温天训练要点

如果你知道比赛地点或比赛日气温会很高，那么适当地进行高温训练

是很有必要的。你可以选择在一天中最热的时候进行训练，这对身体尽早适应在炎热中奔跑大有帮助。

但是很多时候我们是跨地区甚至是跨时区去比赛，常驻训练地点可能没有炎热的天气或者炎热季节还没到来，这个时候可以利用桑拿房来模拟高温训练。有些跑者在桑拿房里做俯卧撑，在锻炼心肺的同时，可以模拟在炎热中竭尽全力的感觉。如果你的训练地气候环境干燥，而比赛的天气却又热又潮湿，则可以选择在蒸汽浴室环境下训练。

高温训练的目的是降低炎热天气对身体运动能力的影响，所以要将高温天气里的适应性训练和运动能力训练区分开来。具体来说，可以在一天中最热的时候进行一些强度低的耐力训练，但是像间歇跑、节奏跑这样的高强度训练应该放在一天中最凉快的时候进行。

需要特别注意的是，高温训练一定要注意强度和安全，高温下跑步很容易引起各种不适和伤病，比如：热抽筋、热昏厥、低钠血症、热射病（中暑）等。一定要量力而行，要记住：高温训练是适应性训练，而不是强度训练，不要把自己练伤。

2. 高温天比赛要点

比赛的时候，你应该穿浅色的透气防晒服。有不少人在高温天喜欢赤膊上阵，这并不是一个明智的做法。穿得少并不意味着更凉快，把自己完全暴露在太阳下可能会产生更多问题，比如晒伤等。用轻薄的防晒服将太阳光挡在外面，能起到隔热的效果，烈日当空的时候，这反而会比赤膊更凉快。

尽可能避免太阳直晒，以减少紫外线对身体的伤害和炎热对运动能力的影响。停滞休息时，尽量待在遮阳的地方。奔跑时，尽量选择阴凉的道路。可以戴上能遮盖你脸和头的"土匪帽"，它能够提供很好的保护和遮挡。如果有条件，可以在帽子里放上冰块，会获得一定时间的清凉。烈日下，戴上专为跑步设计的运动太阳镜，不但可以保护眼睛，你的视线也会变得更好。准备一个轻便的围脖，在补给站或沿途有水的地方，打湿围脖戴在脖子上，就会感到凉爽舒适。

比赛前，可以提前一小时补充大约200毫升的冷水或者电解质饮料。在运动前喝冰水比运动时喝更有效，就像洗个冷水澡一样能让身体预冷，预冷可以提高热量存储能力，这意味着可以推迟达到影响身体运动能力的温度出现的时间。

有研究表明，流汗所流失的身体水分达到体重的2.5%时，耐力会下降10%，跑步经济性⊖会下降25%。事实上，70公斤重的跑者流失3%的

⊖ 跑步经济性是指跑步时节省体力和能量的情况。

汗液，意味着有氧能力出现4%~8%的下降。所以一定要注意及时补充水分，你的身体实际需要的比你认为的甚至会多得多。不要等口渴了才补水，当你感到口渴的时候，你已有轻度脱水症状了。要学会监测身体的脱水状态，比如通过观察小便的颜色来判别。

记得带上盐丸，而且要事先了解你使用的盐丸的剂量，比如在一天中最热的时候，每个小时需要服用几颗盐丸，做到定时定量补充。

（二）严寒训练

针对严寒训练时，要遵循循序渐进的原则。先尝试较短的距离，再增加距离。这样可以发现可能遇到的各种问题，比如：什么样的衣服和装备适合自己，身体哪些部位更容易受凉等，这都需要进行一系列的实验并进行调整。

1. 冷天的穿衣原则

严寒训练时，最重要的就是穿着，穿少了会冷，穿多了跑起来太热。冷天的穿衣公式是：要以比室外实际温度高10℃的标准来考虑穿着。简

单来说就是少穿一些，比如室外温度10℃，你要加10℃，按照20℃的时候来穿衣服就可以了。

出门时有点冷，比跑到一半时过热、汗流浃背要好得多。一般来说，当你出门的时候感到有些冷，但是还能承受，那就说明穿得差不多了，等跑起来体温上来，你会觉得温度刚刚好，比较舒服。

关于衣服的穿着，依然是"三层穿衣法"：第一层，贴身穿着，排出湿汗，保持干爽，一般是紧身衣或速干T恤；第二层，隔热、保暖，一般是磨绒或抓绒，极寒地区也可穿轻质羽绒服；第三层，保护，防风、防雨、防雪、防刮擦，一般是跑步风衣。一定要分层穿，就像剥洋葱一样，一层又一层。

为什么不是直接穿一件厚一点的衣服呢？因为分层穿衣的一个好处就是，你可以根据不同的运动阶段，通过增加一层或减少一层即可调整身体的舒适度，操作灵活，还可以保证物尽其用，通过几件衣服的不同组合，足以应对大多数天气。

除了身体的保暖，还有头部和手部也是需要重点保护的位置，推荐"首尾保暖法"。头是散热大户，一般无须特意保暖，但在类似北方的寒冷地区，可戴绒线帽，最好能遮住耳朵。

在严寒天气中，手部的冻感会非常明显，因此手部的保暖必不可少。推荐一款性价比高并且效果极好的手套——劳动手套。特点是：细腻舒适，保暖透气，超强耐用，价格低廉，外观绝对原生态，符合目前国际时尚界的潮流走向。关键是价格绝对便宜，约在1~2元之间。另外，它还有一个隐藏功能就是：擦鼻涕。

2. 耐寒能力的训练

理论上，人对寒冷的耐受力极限可以达到赤脚在北极圈的冰雪上完成半程马拉松，以及只穿着短裤和鞋子登上海拔8848.86米的珠穆朗玛峰。

当然，我们不需要挑战生理极限。但是，仍要做好耐寒的基本准备。

第一个是深度呼吸训练：坐在舒适的地方，进行30~40次为一组的深呼吸，每次呼吸通过鼻子吸气嘴巴呼气，像练习瑜伽那样深深地吸气并呼气。到最后一次呼吸时，深吸之后保持住，直到需要呼气为止。重复3~4组。

第二个是循序渐进的冷水浴：先用温水像日常一样沐浴，淋浴至最后环节时将水温逐步调低。当水温达到最低时，开始一边移动身体冲洗一边数数。每天坚持时间变长一点，大约每次增加10%。比如：第一天坚持数到30，第二天争取数到33。缓慢地循序渐进是这个训练的关键，可以让你的身体逐渐适应寒冷，挑战低温，耐寒能力会逐渐提高，这会让你在极寒天气环境下跑步时受益良多。

3. 冷天训练要点

气温低时，身体肌肉也较为僵硬和紧绷，运动前的热身运动比春夏季显得更为重要。可以先在室内进行充分的热身，再到户外进行正式的训练。也可以从快走到慢跑，让心率慢慢上来，再调整到正常训练速度。跑前可以喝一小杯热水，如果喜欢喝咖啡，不妨来一杯热咖啡，会感觉身体立刻热了起来，还能够长时间维持体温。

跑步过程中感觉跑热了，可以稍微拉开外套的拉链，但不要一下子脱掉，那样容易感冒。冷天呼吸可以用舌头抵上颚，让冷空气在口里打个转，稍稍加热一下，避免冷空气直接吸入，引起身体不适。

跑完后，尽量回到室内或者先把厚衣服穿上再做拉伸，保持身体的温度。回家后，第一时间洗澡、换上干爽衣服，及时补充水分，让身体好好恢复。

4. 冷天比赛要点

面对严寒天气，第一要务就是要准备好可能需要的衣物和保暖装备，并且应该遵循多层穿衣原则。尽量选择高科技面料制成的轻薄但保温性能良好的衣服，这样的衣服即便随身携带也没有多大负担。另外，像是脖套、手臂套这种能够保暖又能轻松脱掉的装备也非常适合。记得多带一双袜子，即便不一定用得上。永远不要低估昼夜温差的巨大波动，尤其是在高海拔地区，昼夜温差可能会带来横跨多个季节的体感。

掉速或者不得不步行的时候，尝试奋力挥动胳膊。因为你一旦疲劳或受伤而导致跑不了，不得不慢下来的时候，身体会迅速变冷。尽可能别让自己停下来，停得越久，身体就会越冷。当你不能再通过跑步产生热量，你很可能就会进入到失温的状态中，尤其是在你里面的衣服已经汗湿了的情况下。所以当你遭遇大幅度降温时，一定要让自己尽可能地通过移动来产生热量，甚至要让自己比没遭遇降温时进行更加剧烈的运动。

脱水更容易导致身体变冷，所以要及时补水。如果有条件，可以通过喝一些热水来帮助身体回暖。但不要在温暖的补给站停留太久，否则重返赛道的时候会冷得非常痛苦。

八、地形训练

在越野跑中，跑者会遇到各种各样的地形环境。和路跑、场地跑比起来，跑者面对的路况要复杂得多，因此越野跑往往充满了未知和不可测性，需要跑者动用更强大的个人能力来应对各种路面地形。

（一）台阶

台阶是越野跑中经常会遇到的，很多在公园或登山步道上举办的赛

事都会有台阶路段。如果天气晴朗干燥，台阶路段就相对容易高速通过。但是如果遇到湿度大的下雨天气，石头台阶则会变得湿滑。既不能摔倒，又要保持一定速度，这就非常考验跑者的技术和经验了。

如果比赛中气候不佳，遇到湿滑的台阶，跑的时候一定要高度注意每一次下脚，以下几点需要重点关注：

（1）一定要避开青苔，以及那种大面积的光溜溜的石头面，这两种是最容易打滑的路面，无论你的鞋底有多么高科技的防滑技术，都请不要贸然尝试，依然会有很大的打滑风险。

（2）小心选择不易打滑的落脚点，比如：一小块干燥的地面、台阶凹痕处、台阶旁的泥地、台阶之间的交接处等，都是相对不那么滑的地方。

（3）提前预判，下脚前最好能看好接下去2~3步的位置，既可以加快通过的速度，又能在不慎打滑时，能迅速用另外一只脚往下一个落脚点踩踏，稳住身体避免跌倒。

当你对于跑台阶已经非常熟练，并且有一定的肌肉承受能力后，矮个子选手可以尝试一步跑两个台阶，高个子选手可以练习一步跑三个台阶。当熟练掌握以后，这是最快速的方法。

（二）泥土路面

泥土路面也是大概率会碰到的地形，有别于人工的铺装路面，泥土路面充满了各种不确定性，有时候一段路只不过是走过的人多了才形成的。崎岖的路面、复杂的路径，放在野外丛林中，往往并不是那么显眼，再加上有可能被各种杂草覆盖，因此很可能也隐藏了一些危险。比如：绊脚的树根藤蔓、下陷的缝隙、凸起的石头等，一不小心就容易令你摔倒或受伤。

在此类地形中，一定要注意脚下的每一步，踩实了再发力。如果是在比赛中，还得格外留意主办方设置的路标，尤其对于路感不强的跑者来说，错过一个路标就有可能转来转去迷失了方向。

（三）碎石路面

碎石路面是越野跑中比较容易遇到的地形。碎石路面最大的特点是不稳定，易打滑。因此，无论是上坡还是下坡，如果遇到碎石的路况，都要小心谨慎。尤其是遇到连续上坡、陡坡中有碎石路段时，要稳扎稳打，一步一步往上爬，这个时候其实跑者更像爬山而不是跑步。一定要踩踏实了、站稳了，再迈出下一步，挑选一个稳固可靠的落脚点非常重要。

（四）沙地

松软的沙地也是在越野跑中可能会遇到的。在沙地上奔跑，下脚后会陷入沙中，所以就需要额外的力量抬脚，腿部的负担比在一般的路面上要更大，尤其是对小腿的肌肉而言。

如果你去参加的赛事有沙地路段，那么最好是有针对性地进行训练，增强小腿肌力，提前适应在沙地中那种带着"黏滞性"奔跑的感觉。

装备里可以准备一个防沙鞋套，防止沙石进入鞋中，避免脚部受损。

（五）树根地形

山林中的树根地形也是经常会碰到的一种地形。遇到树根地形，最重要的是选择脚落地的部位。落地时，我们最好用脚的中间部位踩在树根的中间部位。因为，如果用脚尖去踩，那么后跟就很容易被磕到；如果用脚后跟去踩，人就很容易失去平衡向前摔倒。

如果下坡时遇到树根地形，最稳妥的办法就是避开树根，因为下坡时速度快，一不小心就容易被树根绊倒。找旁边相对平坦的地方落脚，会更安全。同时，放慢速度，看清楚了再下脚，有些树根被落叶遮盖，贸然下脚很容易失去平衡。切记不要为了快上几秒钟，而不顾安全，往往会得不偿失。

在越野跑中，充满了各种地形状况，本书中也无法一一阐述，但是越野跑是一门"实践出真知"的运动，无论理论知识如何，最终还是要靠跑者自己在大量的训练和比赛中积累经验、提高技术。当你的综合能力提高后，无论再复杂的地形状况你都能游刃有余，充满自信和勇气。

九、肠胃训练

即使你在赛前做了系统的训练、完善的准备，信心满满地奔驰在赛道上，但一个小小的肠胃问题就有可能把你之前的所有努力毁于一旦。我见过太多跑者因为腹泻、胃痛等肠胃问题而不得不选择退赛，其中有些甚至是身经百战的精英跑者。

细节决定成败，肠胃问题看起来是小问题，但真的遇上却会是所有跑者的噩梦。肠胃能力是可以通过平时的训练来得到一定提高的，我们必须像重视体能训练一样重视它。

肠胃问题往往比较主观，每个人的饮食习惯不一样，各座城市的饮食差异也巨大。因此很难给出一个通用的标准流程，首先应该做到的是在平时训练中去了解自己的肠胃，在不断地尝试和总结中，找到适合自己的饮食方式、补给方法。

（一）比赛前的肠胃训练要点

肠胃训练的要点是训练自己：吃了就能跑，跑了就能吃，甚至边跑边吃，边吃边跑。通过训练，感知身体对能量的需求。

日常训练是非常适合对各种饮食补给进行测试的时机。在训练期间，可以携带各种各样的食物，尽可能尝试不同的食物，并记录下每种食物进食后的感觉以及最佳的进食间隔。通过记录训练中的饮食，以此来找出适合自己的和不适合自己的食物清单，为比赛中制订补给计划提供参考和依据。

参加赛事前，要先了解一下补给站所提供的食物清单，然后有针对性地训练自己吃这些食物。至少要知道补给站里面的哪些食物是自己不能吃的，到时候要避免。

能量胶是越野跑中必不可少的快速补给品，在平时训练中就应该找到自己喜欢的品牌和口味，这会让你在比赛中非常受益。

有些跑者习惯于在比赛时带上能缓解自己肠胃问题的食物。比如，美国越野跑大满贯（Grand Slam of Ultrarunning）女子冠军高碧波就喜欢随身带晒干的生姜片，这能够帮助她减轻恶心的感觉。

（二）应对比赛中的肠胃问题

与其等到肠胃出现问题，不如提前预防，避免发生。最重要的一点就是在比赛前和比赛中，不要试图尝试从来没有吃过的食物。尤其是参加异域的比赛，你会遇到各种新奇、有特色甚至是奇奇怪怪的食物，非常不推荐去尝试，因为你不知道后面会发生什么。

赛前避免吃对肠道有刺激的食物，具体是什么因人而异，有些人对咖啡敏感、有些人对牛奶敏感、有些人对辣椒敏感，你的心中应该有一张禁止食用的食物清单，务必严格按照清单来进食。

赛前的2~3小时完成进食，然后在比赛开始后的1~2个小时开始补给。比赛中不要等到饿了才吃，也不要等到渴了才喝。专业的跑者会设置计时器，每隔20~30分钟就会补充100大卡左右的能量，具体的数值应该通过之前的日常训练总结得出。

很多跑者不喜欢能量胶那种又甜又腻的味道，那么可以在前期的补给上先安排非能量胶的食物，把能量胶留到比赛后程，免得过早对能量胶产生厌倦。

当肠胃在比赛中出现轻微不适时，可以适当喝一些水或者吃一些比较清淡的食物，比如苏打饼干、吐司面包等。但不要停止进食，能量供给的中断最终会让问题变得更糟，甚至导致退赛。

如果知道自己肠胃功能不够强大，可以随身携带一些治疗肠胃问题的药物，具体也是因人而异，有些人会带抗酸药，有些人则会带制酸药，也有带克痢痧的，具体带什么药也需要你从日常训练中发现问题，并找到合适的药物。

我们会在之后的"损伤篇"中阐述恶心呕吐和腹泻等问题的具体应对方法。

第三章
装 备 篇

————

穿戴装备

越野跑配件

饮食补给品

个人护理用品

第一节
穿戴装备

一、越野跑鞋

跑步时，由于双脚始终承受着落地而产生的冲击，因此跑鞋可以说是所有跑步装备中最重要的，没有之一。对越野跑来说，跑鞋的重要程度更加不言而喻。在野外复杂的地形环境中，我们需要一双靠谱的越野跑鞋来提供保护、缓冲、牵引力、抓地力，让疲劳的双脚在肿胀之后依然能够有足够的空间伸展，在最大程度地保持舒适。

在踏过水潭的时候，越野跑鞋能够阻挡水进入鞋内，保持干燥；在穿越坑坑洼洼的路面与横向移动时，也能保持脚部的稳定性；在长时间穿着中，能尽量减少水泡的产生，还能防止崴脚。一双合适的越野跑鞋可

能并不一定能完全避免让你受伤，但是一双错误的越野跑鞋却一定会让受伤提早到来。因此，越野跑鞋这笔投资不能省。

（一）如何选择一款适合自己的越野跑鞋？

这个问题可能并没有标准答案，因为每个人的脚型和跑步习惯都有所不同。我将给出一些选择越野跑鞋过程中，需要重点考虑的维度，以帮助大家找到适合自己的鞋款。

1. 鞋面

鞋面是最能体现一双跑鞋"颜值"的部位，也是影响舒适度的重要因素。一般来说，多数跑鞋的鞋面都会采用透气、柔软、包裹性好的材料。近几年，随着运动科技的不断发展，各大厂商也根据不同的细分功能开发出了防水、反光、速干的鞋面材质供跑者选择。

大部分的越野跑鞋会在鞋头这一部分用坚硬的材质进行加强，这主要是为了在野外奔跑时保护脚趾。

2. 中底

我们脚掌落地时，压力会传导到中底，通过弹性材料的压缩变形来抵消一部分的冲击力，以达到保护跑者的目的。因此中底是跑鞋的灵魂中枢，决定了跑鞋的档次，厂商会将最重要的缓震、稳定材料用在中底，越高级的跑鞋会用到越多的中底科技。所以说，即使一双跑鞋的外观是好的，但中底如果失去功能，那这双鞋也就不再适合跑步了。

厚实的中底会更具有保护性，对于体重大、跑量大的跑者来说，推荐选择缓冲材料用料扎实的厚底鞋款，这样才能给脚部提供足够的保护。

薄的中底则会有更灵敏的脚感，整体鞋重也会降低，更适合竞速出成绩，适合有经验的跑者。如果你是新手，千万别被宣称超轻量或裸足的薄底鞋款迷惑。这些超轻薄底跑鞋往往仅适合经验丰富且能力出众的跑者，并不适合新手。如果要尝试薄底鞋款，最好从短距离跑逐渐开始，慢慢增加距离以免受伤。

3. 外底

跑鞋与地面直接接触的部位，需要提供良好的抓地力和耐磨性，各大厂商往往通过不同的花纹、颗粒来提升跑鞋的抓地力。选购越野跑鞋时需要将复杂的路况和恶劣的天气作为依据，如果赛道中大部分是石头路面或坚硬的路面，那么浅纹路的跑鞋会很适配；而那些泥泞或柔软的路面则更适合穿着深纹路的跑鞋。

4. 前后脚掌落差

大多数专为跑者设计的鞋子都会提供8毫米左右的前后脚掌落差。也有些跑鞋是零落差，有些则会有12毫米甚至更多的落差。选择什么样的前后脚掌落差与跑姿，这和个人喜好有很大关系。有些人喜欢大落差，有些人则喜欢零落差，关于这一点，必须实际穿上试一下才会知道自己适合哪种。

5. 鞋宽

脚宽的人要注意不要选鞋楦偏窄的跑鞋，试鞋的时候要确保大脚趾前方的空间宽度足够，因为空间宽大可以使脚趾张开。这在长距离跑中尤为重要，过窄的鞋款会在脚肿胀后挤压脚部。但脚窄的人如果穿了过宽的跑鞋，也会造成不稳定。所以自己试过是最保险的。

6. 鞋舌

当下，很多厂商将越野跑鞋的鞋舌和鞋身设计成一体式的，可以有效挡住小石头进入鞋内。如果选购传统的分离式鞋舌的跑鞋，需要关注一下舒适度以及是否可以阻挡小石子的入侵。

7. 重量和保护

在确保保护性的前提下，跑鞋重量自然是越轻越好。但重量轻和保护性强又相互矛盾，重量大往往保护性好，重量轻保护性就弱一点。掌握平衡就好，不要追求极致的轻感，也不要去追求极致的保护性。

8. 防水与透气

对于大多数越野跑地形而言，都不需要过度在意跑鞋的防水功能。虽然防水对于严寒天气和徒步远足非常有用，但对于绝大多数跑步场景而言，透气比防水更重要。

9. 价格

贵不等于好，价格并不是选择越野跑鞋的决定性因素。选择什么样的跑鞋，要考虑地形地面，以及天气对地面造成的影响，是否会湿滑、是否需要蹚水、是否需要经过冰雪覆盖或者泥泞的路段等，以确保跑鞋能应对这些路段的情况。另外，在比赛中，根据不同的比赛目标，对跑鞋的选择也会不一样。比如，一双更轻便、并具有更硬鞋底和更浅纹路的越野鞋，可能更适合想要刷新PB（Personal Best，个人最好成绩）的跑者。

10. 比赛用鞋

比赛切忌穿新鞋，至少应选择在训练中已经"磨合"至少2周，并实践验证过没有任何问题的可靠的跑鞋。在一场比赛中，往往需要准备几双不同的跑鞋。比如：你可能需要一双轻便的跑鞋在比赛前程穿，然后需要一双保护性更好的跑鞋在比赛后程穿，每一场比赛都需要提前进行规划。

（二）越野跑鞋的使用寿命和保养

一般情况下，一双跑鞋的寿命大约为500~800公里，超过这个数字后，其减震效果最多只能达到最初的60%。但是这组数据也是非常理论化的，实际上一个人的体重、跑姿、路况、使用习惯都会影响跑鞋的寿命。

如果在跑步中感觉到鞋子没有弹性了，支撑感减弱，那就可能是中底已经老化了。观察一下中底是否有变形、凹陷以及出现裂缝等情况，失去回弹性能的中底，在跑步的时候会让人感觉鞋底硬硬的，这个时候就要考虑换跑鞋了。如果大底最外层的橡胶层磨光露出中底层的话，那这双鞋也可以退役了。

如果你不能确定你的鞋子是不是该更新换代，可以进行"折叠测试"：将你的鞋子前部折叠弯曲超过一定的角度，看鞋子是否还能回到原位。如果不能，那就该淘汰了。但即使是淘汰，如果鞋面外观没问题的话，日常穿着也是没问题的。

在跑鞋的日常穿着中，注意几个细节会增加跑鞋的使用寿命：

（1）脱鞋要先松鞋带，而不要在鞋带系紧的情况下直接脱鞋。每次跑完步都筋疲力尽，然后双脚互相一蹭，连鞋带都懒得解开就把跑鞋脱了。

这是不对的！脱鞋时不松开鞋带，直接用蛮力硬脱下来的做法要改正。这样做不但会让鞋子变形，也会破坏鞋子和脚部的契合度。即使再好的鞋子在变形后也不会让你穿着感觉很舒服。

（2）洗完鞋，取出鞋垫，将鞋头朝下，鞋底搭在墙上，这样就能避免中底被浸泡在水中。在通风处自然风干，不要暴晒。

（3）平时要把鞋放在通风处，避免潮湿。

（4）虽然有些鞋子被宣传为可以机洗，但还是建议用中性洗涤剂手洗。

二、衣服

跑步时身体通常大量出汗，所以不要选择纯棉材质的服装，因为纯棉的服装吸满汗水后无法立即蒸发，反而会粘在身体上，湿透的衣服令皮肤难以保持温度，会让人产生冷感。为了能跑得舒服，要选择吸汗、速干的上衣，用专业的速干面料制成的跑步服可以将汗水迅速地转移到衣服的表面，通过空气流通快速风干，以此达到速干的目的，并保证体表的干燥舒适。一般速干面料的水分蒸发速度比纯棉织物要快50%。

专门为跑步设计的服饰都是基于跑者的需求而设计的。例如，在版型上尽可能让四肢活动更加灵活；春夏用服饰具有防紫外线、速干透气性等功能，而秋冬用服饰则具备优秀的防寒性、保暖性、防风性；更有其

他贴心的小设计，如增加夜跑安全性的反光材料，以及可容纳手机、钥匙、零钱的小口袋等。穿着这些让人跑得更加愉快、舒适的功能型服装，相信一定能够让你的跑步过程更加顺畅。

越野跑中，关于服装的选择，最重要的一个原则就是"分层"。因为大多数100公里以上的越野跑比赛都需要过夜，再加上在山野中，可能有巨大的海拔差异，天气复杂多变，且变化往往发生在一刹那。此时，能够灵活切换身上的服装配置以应对不同的天气状况，就显得尤为重要。

所以穿衣的一个基本原则就是前文中也曾提到过的"分层穿衣法"，很多人把这种穿衣法称为"SVIP分层系统"：

第一层内衣：Support（支持），简称S。由专门的材料制成的并具有合适贴合度的运动内衣。很多跑者会选择美利奴羊毛内衣，它比普通羊毛更细，贴身穿着不痒，又能够机洗，能够维持良好的控温和排汗能力，天然的抗菌特性还能够避免汗臭。缺点是耐磨性一般，速干性不如人工合成的速干面料。

第二层基础层：Ventilation（通风），简称V。负责调节身体温度，并将水分转移出去，帮助保持皮肤干燥。常见的选择是速干长袖T恤。

第三层中间层：Insulation（绝缘），简称I。主要负责保温，这一层在寒冷天气中非常关键。常见的选择有超轻羽绒服、抓绒衣等。

第四层外层：Protection（保护），简称P。主要负责防风、防水、防太阳光、防紫外线等的侵害。常见的选择有皮肤风衣、冲锋衣等。能应对恶劣天气的冲锋衣，是长距离越野跑赛事的强制装备，有的赛事还会对冲锋衣的技术指标有详细的要求，所以绝对不要随便买一件了事。

在实际应用中不会每次都要用到全部的四个分层，而是会根据具体的天气状况和衣物的厚度、面料来决定层数的选择。但这种分层穿衣法能

够帮助我们通过不同的组合来应对各种天气，是一种公式化的简单明了的穿衣方法。

建议大家无论参加什么比赛都不要穿新的装备，因为不知道在什么时候会发生什么问题，有时候一个小小的细节问题就会让你痛苦不堪。应对长距离的装备应该是已经磨合好，确认不会发生问题的装备。因为在长距离的比赛中，平时看起来无关痛痒的一条接缝、一个线头，都可能在你奔跑时经历无数次的反复摩擦后，带给你难以想象的痛苦。这些小Bug可能在短距离中无伤大雅，但却可能在长距离中被一点点放大，直到成为一个大麻烦。

三、帽子和头巾

帽子的种类主要有空顶帽、全顶帽、抓绒帽等，主要起到遮阳、吸汗、保暖等作用。

路跑的时候，大多数跑者会选择戴帽子，但是在越野跑中，很多跑者会选择头巾。因为在山野中奔跑的时候需要时刻保持注意力，有时候需

要观察路面，有时候需要转换视角留意树枝树干。有时候帽子的帽檐刚好会遮蔽掉一部分的视线，就有可能让跑者不小心遭遇安全隐患。事实上，也确实发生过这种情况。

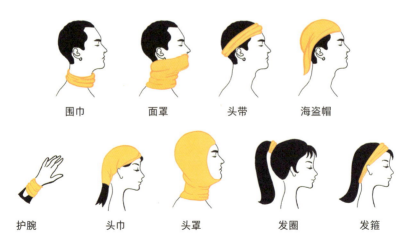

| 围巾 | 面罩 | 头带 | 海盗帽 |

| 护腕 | 头巾 | 头罩 | 发圈 | 发箍 |

头巾的常用方法

现在的头巾还能通过变换佩戴方式衍生出多种用法，既可以围在脖子上保暖，还可以套在脸上防风，也可以缠绕在手臂上用来擦汗，所以在越野跑中很受跑者的欢迎。

四、袜子

大多数跑者都很重视跑鞋的挑选，但也千万不要忽视了跑步的袜子。脚是跑步时出汗、摩擦最多的部位，袜子是连接脚和跑鞋的中间层，好的袜子可以改善脚的运动环境，避免水泡、真菌感染和擦伤。

穿一双平时穿的普通袜子当然也能跑步，但是如果你想跑得舒适，或者跑得更久、更远，还是建议穿一双专用的跑步袜，不但会改善运动状态，也能跑得更加安全。

专用的跑步袜和我们生活中穿的袜子会有什么不同呢？跑步袜主要有三个功能：缓冲、保护和透气。基于这几点，跑步袜会在结构上和材质上有别于日常穿着的袜子：

首先是缓冲能力的不同。

这点和跑鞋是一样的，良好的缓冲对于跑步运动是很重要的。跑步袜在袜底会采用毛圈，增加缓震，抑制水泡产生。袜头脚趾部分会加厚包裹，缓解脚趾前端的冲击力。

其次是保护性上的不同。

好的跑步袜注重对脚部的包裹性，即使在急停、急转弯、急加速的情况下也不会产生位移打滑。跑步袜束口与袜筒会有较好的弹性，以保证袜子不会在运动中往下缩。袜身会有环形弹性设计，以避免袜身旋转。这些也是避免长时间跑步起水泡的几个因素，袜子的包裹性越好，跑步的稳定性就越好，能有效避免受伤。

最后是透气性上的不同。

材质上，跑步袜一般使用合成纤维，如含有锦纶、氨纶的成分。这些合成纤维的耐磨性是普通棉纤维的10倍，同时还具有良好的耐腐蚀性能。有些跑步袜还会添加吸湿、导汗、透气的功能性纤维，可以保证良好的透气性，把皮肤表面的湿气迅速传导至纤维外层。无论如何不要选择纯棉的袜子，很容易造成双脚和袜子间的不断摩擦，导致红肿或水泡。

挑选跑步袜并不是越厚越好，袜子太厚会影响脚感。袜子太薄就起不到保护和缓震的作用。一双合格的越野跑袜子，需要看是否能保持"静止稳定"：能够长时间穿着，贴合脚面，不会在脚上滑来滑去。有些女孩子穿着一双丝袜跑步，非常容易打滑，这样既不安全也很容易受伤。

近几年，在跑者中也很流行五指袜，从构造上来看，每个脚趾之间都隔着布料，即使跑很久也不会长茧，脚趾间也不会磨出水泡。另外，五个脚趾能各自活动，所以可以让大脚趾、小趾和脚跟形成三大支撑点，能够踏得更稳。不过也有一些跑友穿了五指袜反而长茧、趾间痛，所以还是试穿一次再看是否适合自己。

另外还有一种压缩袜，可以包裹住整个小腿，相当于一双袜子加一副小腿套，对脚踝和小腿起到了额外的保护和压缩功能，能够改善和加强血液输氧能力，通过吸收、减缓关节及肌肉的冲击和震动，减轻运动中的小腿疲劳，预防抽筋。还能有效增强从脚部到心脏的静脉血液回流，加速乳酸分解，减少乳酸堆积，降低运动后的肌肉酸痛程度，加速身体机能恢复。所以很受耐力跑跑者们的欢迎。

五、越野跑背包

背包是越野跑中的核心装备之一，几乎人手一个，而路跑和马拉松则几乎用不到这个装备。对于跑者来说，除了能穿在身上的、放在衣服口袋里的，剩下的所有物资都需要装在背包里面。

越野跑背包与普通背包的最大不同之处就在于有极佳的贴合度，可以在快速移动时依然能够贴合身体，不至于被背包的晃动所影响。常见的为背心式，通过卡扣固定，与身体紧密贴合，减少晃动，能适应快节奏的跑动并在上下跳跃时保持稳定。

不少越野跑背包内置带吸管的水袋，吸管口固定在跑者的肩上、嘴边，跑者可以不用脱下背包就能进行补水。水袋多为

2L 容量，基本可以应对绝大多数的越野跑赛程。参加比赛时需要根据比赛距离和水站距离决定携带的水袋容量大小。

此外，越野跑背包的背带也是经过特别设计的，胸前两侧的肩带加厚加宽，增加收纳空间，在肩带上放置能量胶、水壶等补给品非常便捷，可以方便边移动边补给。

越野跑背包最主要的选择标准为舒适度与容量，根据不同活动需求，选择不同容量，再挑选合适的产品。每个人的身材体型都不一样，所以在购买背包之前要尝试不同的大小，确认背起来是否稳定舒适，是否会造成局部的擦伤，这两点是最重要的。

需要注意的是很多品牌的背包会分男女款。女款的肩膀、背部和胸部处设计都与男款有一定区别，一定要注意一下，别买错了。

第二节
越野跑配件

一、保温毯

保温毯是一张可以隔绝温度的锡箔纸，非常轻薄，但却是很重要的越野跑必备装备，它可以防止身体表面被强风低温带走体温，防止失温。强烈建议跑者无论是训练还是比赛，在背包里面放一张保温毯。由于它对于保障我们在比赛中的人身安全十分重要，因此很多赛事也将保温毯列入强制装备清单中。

二、登山杖

合理使用登山杖可有效节省体能，减轻腿部肌肉压力。下坡时，使用登山杖可以大大降低对膝盖的冲击。在崎岖蜿蜒的山路行进时，登山杖可以帮助身体维持平衡。在夜间或是涉水过河时，还能帮助"探路"。

很多跑者面对上坡时往往心里犯怵，这个时候如果有登山杖做辅助，或许能让你感觉轻松一些。在使用登山杖辅助爬坡时，可以借助手臂的力量分担腿部的压力，通过双臂的移动让上坡更为轻松。使用登山杖上坡，可以让跑者自然地保持比较直立的姿势，这也有利于改善爬升时的呼吸状况。在赛程后半段体能下降甚至筋疲力尽时，登山杖将成为你的依靠，帮助你更安全地通过一些艰难的路段。

登山杖的缺点是不使用的时候会成为累赘。所以我们应该选择能够折叠且比较轻的登山杖，比如"Z"形杖，它可以折叠收纳为三节，易于携带。登山杖的价格区间很大，主要体现在材质上，常见的材质有铝合金、碳纤维等，为了轻量化需要付更高的成本。

选择登山杖时的主要考虑因素是身高。测量方法为：穿上越野跑鞋，站直身体，然后将手臂弯曲成90°，测量肘部到地面的高度，这个高度就是登山杖要达到的长度。下表给出了按照身高快速选择登山杖的经验数值。

登山杖长度的选择

身高（m）	登山杖长度（cm）
≤1.55	100
1.56~1.7	110
1.71~1.79	120
≥1.8	130

你也可以选择可快速调整长度的登山杖，使用时根据地形进行动态调整，一般在下坡时调长一些，在上坡时调短一些。但是可调节登山杖会带来忘记锁定或锁定器损坏的风险，而且可承受的重量也会比固定式的小。

如果你打算在比赛中使用登山杖，赛前一定要先练习一下。因为只有

使用正确，登山杖才能带给你高效率。否则，反而会帮倒忙，甚至在下坡的时候，带来额外的危险。经过练习，你才能建立节奏感，让步伐和登山杖的移动一致，最终做到"人杖合一"。

很多比赛对登山杖的使用有特别的规定，有些赛事允许携带，有些赛事要求全程携带，也有些赛事不允许携带，所以赛前一定要查看一下手册。

三、头灯

头灯是越野跑中的一个必要的安全装备，建议每个跑者在包内的固定位置都放上一个头灯。因为你不知道什么时候会摸黑，户外有太多不可抗力因素，比如由于体能不支、身体出现问题、受  伤，抑或是跑错了路，迷失在山野中，这些情况都会让你不得不面对黑夜。这个时候，你会迫切需要一个照明工具。

为什么推荐头灯而不是手电筒，是因为手电筒必须手持，这样当你在复杂多变的环境中移动时，就少了一只手保持平衡及辅助，也就少了一份安全感。对于跑者来说还是佩戴在头部的头灯最为理想。

头灯根据供电方式可分为干电池、18650电池、专用电池等款式。主要指标参数为流明和续航时间。我们可以这样简单地来理解，流明越高则亮度越高，续航时间越久则使用时间越长。一般越野跑活动选用300~500流明的头灯即可满足需要。

选择头灯时，流明、开关方式、重量、电池是需要考量的主要因素。需要在亮度、重量和续航时间中寻找平衡，尽可能选择亮度足够、更轻、更持久的型号。

在比赛中，如果确定有过夜赛段，那么最好带两个头灯，防止主头灯

出现故障后，彻底失去照明。有的比赛会要求携带备用头灯。根据赛程的长短，还需要考虑是否携带备用电池。

四、运动手表（导航定位设备）

对于越野跑来说，一个专业的带导航定位功能的运动手表是必要的。路跑的时候，很多人会用手机App来记录数据，但是对于距离更长、强度更大的越野跑来说，手机App就不够用了。运动手表不但能记录运动的配速、时间、距离，有些型号还能记录心率、温度、海拔、气压，同时目前的运动手

表都有品牌开发的数据上传、分析功能，可以对每一次的跑步进行详细的数据统计、分析，让你全面掌握自己的训练状态。

运动手表还有很多优点：

小巧：便于携带是运动手表的最大优势，现在的运动手表基本上和普通手表的大小差不多，不会造成额外的负担。

便捷：使用运动手表时，抬手就能看自己当前的速度、时间、距离、海拔、心率等数据，不用停下来，也不会影响当前跑步的状态。

精确：运动手表的数据更为精准，很少出现路线漂移的情况，误差也较小。

续航：现在比较高端的运动手表的续航时间基本都已经可以达到12小时，所以一般50公里以上的耐力跑选手都会佩戴专业的运动手表。如果仅凭使用手机App，那你可能需要带一个甚至几个大容量的充电宝了。

导航：如果事先把路线数据导入手表中，那么手表显示屏就能实时显示你的位置在路线上的哪个点。有的手表在需要转弯的时候还会发出提

醒，这样你就不会那么容易迷路。在夜里或者能见度低的时候，路面和路标都很难看清楚，这时运动手表就能发挥很大作用。一些运动手表还含有内置罗盘，能够指引下一步前进的方向。

在比赛中，手表的续航能力是最需要关注的点，稳妥起见最好带上充电设备。同时可以通过重新设置测量频率，来减少和卫星交互的次数，从而更省电。比如有些手表有每隔3秒测量和每隔60秒测量两种设置，设置为"60秒"就可以大大降低耗电量。你可以根据路况和自己的移动速度来进行调整。

有些地区卫星信号不是很稳定，尤其是在树林里，或是陡峭的峡谷里以及高山上，数据可能会存在一定的偏差。不要完全依赖运动手表显示的数据，在你有疑问的时候，要结合实际情况来做判断，如果附近有其他跑者，最好能彼此验证一下。

第三节
饮食补给品

一、能量胶/能量棒

能量胶/能量棒是比较流行的跑步补剂，它们都是高热量并且能够快速补充大运动量下人体所需能量和矿物质的食品。能量胶是啫喱状的黏稠液态，能量棒是块状的固态。能量胶和能量棒的热量非常高，但是体积小、重量轻，携带使用都很方便。最重要的是，在食用它们的过程中能够非常精确地计算出卡路里的摄入，让补给变得特别简单。

我们知道，有氧运动会消耗体内存储的能量，人体能量在体内主要以糖与脂肪的形式存在。人体内的糖主要是由血液中的葡萄糖和肌肉及肝脏中的肝糖组成，当运动量达到一定的程度后（比如一个小时以上的不停顿中高速跑步），体内的糖分会消耗殆尽，这时候血液中糖分含量如果不能保持在一定浓度的话，身体马上会感到疲劳和不适，轻则让跑者被迫降速停下来，重则会有昏厥危险。

所以，当运动量达到一定程度的时候，我们需要及时地补充能量，能

量胶或是能量棒是一个很好的选择，它们可以迅速被人体吸收。能量胶中的果糖能迅速起效提供能量，麦芽糖可以维持一定时间内葡萄糖水平的稳定。此外，大部分能量产品中还都含有电解质和矿物质，电解质能够维持体内化学物质平衡。

相比之下，软性包装的能量胶更加容易携带，服用也方便，挤一小口含在嘴里慢慢咽下，太甜的话可以配合水一起吞下。能量棒口感更好，但跑步时进食起来可能不如能量胶吞咽方便，不过比起凝胶状食品，能量棒的甜度较低，味道更好，一口一口慢慢咀嚼也不会增加肠胃负担。

另外，能量咀嚼糖也是跑步补剂，它像橡皮糖一样充满弹性，口感比能量胶好，特别适合训练的时候携带。小口小口地吃咀嚼糖，可以更灵活地控制卡路里的摄入。在比赛过程中的某个点，感觉身体里的糖分即将消耗殆尽时，可以吃点咀嚼糖来给身体快速补充一点糖分。

每个人在日常训练中可以多试几种，挑出自己喜欢的口味或偏好类型。一些能量胶中含有咖啡因，需要注意避免过量摄入咖啡因，它可能会让你的胃难受，情绪更加焦虑。

比赛前吃一个能量胶/能量棒或者一些能量咀嚼糖，可以为身体提前储备一点额外的热量。

二、盐丸

学名"电解质片"，国内俗称"盐丸"，主要营养成分是钠钾镁电解质、微量元素及维生素B族等，用于补充因运动排汗而导致的电解质流失，预防及缓解因电解质失衡而导致的身体不适。

在比赛中，需要保持身体的电解质水平，一方面帮助你最大化地保留体内的水分，另一方面，补充汗液带走的盐分，以避免肌肉抽筋。在温和的天气或者寒冷的天气里，通过食物和运动饮料就能获得足够的电解质。

但是如果气温超过27℃，跑者要考虑额外补充盐丸。盐丸的摄入量因人而异，取决于当时的天气状况和出汗情况。一般来说，每小时保持200~400毫克的钠摄入量就足够了。使用盐丸可以准确知道摄入了多少的盐分，在比赛训练中极为方便实用。

三、咖啡因

研究表明，咖啡因有利于耐力运动，尤其在夜间能帮助保持运动状态。但咖啡因并不适合每个人，有些跑者对咖啡因比较敏感，多摄入会导致肠胃问题。所以必须在平时训练中就要测试好自己对咖啡因的耐受能力。

在耐力跑比赛中，普遍做法是在赛事后期开始服用咖啡因，提高人体兴奋度，缓解疲劳感。比赛中，跑者一般使用带咖啡因的能量胶或者咖啡因含片来快速补充咖啡因，以更好地掌握咖啡因摄入的量。

四、天然食品

区别于像能量胶这种经过深度加工的食品，未加工的或轻度加工的天然食品的口感更好，吃起来让人更舒服。天然食品的消化过程慢一些，因此能量可以慢慢地补充到身体里，也意味着能量的供给时间更持久。在比赛前吃好吃饱还能帮助身体吸收水分，让胃部得以扩张，也为接下来进一步地摄入食物做好准备。

对于比赛中天然食物补给品的选择，需要在平时训练中就测试、挑选好，选择标准是：体积小、能量密度高、易于携带、味道好。在此推荐一些主流的食物：

红枣、葡萄干：包含天然糖和简单的碳水化合物，而且容易咀嚼。

天然椰子水：提供人体所需的电解质，味道也不错。

脱水水果：易于保存、携带，味道也很好。

蜂蜜：使用天然蜂蜜作为糖分补充也是一个理想的选择。

如果你有特别喜欢的食物，但是补给站没有提供，建议提前准备在寄存包中。比如去国外参加比赛时，很多中国跑者会准备榨菜、方便面等国内常见的食物。

第四节
个人护理用品

1. 急救用品

可携带镇痛贴、绷带、创可贴、消毒湿巾、肌效贴、水泡贴、小剪刀、指甲钳、止痒膏、个人药物（止痛消炎药、抗酸片、肌肉按摩膏、眼药水等）。

需要注意的是，不要携带组委会禁止携带的药物。如：UTMB从2021年起禁止参赛选手在赛前24小时和赛程中使用NSAIDs（非甾体抗炎药）。

2. 手套

根据面料可分为防水手套、抓绒手套，根据样式可分为全指手套、半指手套。

3. 防沙鞋套

防沙鞋套主要是通过覆盖鞋面，将尘土、石块、沙粒或是其他容易进入的小碎片阻挡住进入鞋内。另外，还能保护鞋带不易松开，保护鞋面不会被荆棘或锋利的石头划到。如果在赛事中遇到杂草丛生或是有荆棘、碎石的路段，防沙鞋套可以帮助你跑得更安心。注意，需要选购针对越野鞋的专用防沙鞋套，而不是针对徒步靴子的。

4. 折叠水杯

出于环保考虑，许多赛事如今已不再提供一次性纸杯用于补给站饮水。

5. 垃圾袋

用于装能量胶、能量棒等补给品食用过后的外包装。

6. 防水袋

即密封袋，用于装手机、背包内的衣物或现金、证件等，防止被水浸湿。

7. 滤水器

在自补给越野跑中往往会用到。可以使用滤水器过滤自然水源，如溪水、河水、山泉水或是自来水，让饮用到的水更卫生、安全。有两种形式：一种是瓶盖与滤芯合二为一的滤水器，水壶内的水流出便完成过滤；另一种是单独的滤水器。滤水器不能过滤污水，取水时应选择活水。

8. 口哨

用于紧急情况下求救或与同伴联络，一般越野跑背包内均会自带。

另外还有足部润滑油、防擦伤产品、防晒霜、防虫喷雾、牙刷、牙膏、纸巾、润唇膏、女性卫生用品、发带（头带）、橡皮筋等，可以按照个人需求来灵活准备携带。

第四章
营 养 篇

越野跑营养三要素

营养计划

日常营养补充建议

越野跑比赛补给建议

第一节
越野跑营养三要素

　　想要能完成越野赛，光靠日常训练肯定还不够，平时要多花心思在饮食上，均衡地摄取身体必需的营养。如果不能获得六大类营养物质——碳水化合物、蛋白质、脂肪、维生素、矿物质与膳食纤维的充分摄入，你

的身体根本受不了基本的训练。

在训练周期中，需要碳水化合物来提供能量，需要蛋白质来对肌肉进行修复，需要脂肪来持久供能，还需要维生素与矿物质来保持表现稳定。针对越野跑运动员的饮食研究表明，碳水化合物、蛋白质与脂肪三大供能营养要素的供能比例与每日推荐摄入量大约分别是：60%（5~8克/公斤体重），15%（1.3~2.1克/公斤体重），25%（1.0~1.5克/公斤体重）。在高强度的训练中，碳水化合物的需求可以增加到8~12克/公斤体重。

一、碳水化合物

在跑步时，糖分是能够直接供能的营养素，从米、面、水果等食物中摄取到的碳水化合物会在体内转化为糖原，进而成为可以为身体直接供能的血糖。当体内血糖含量偏低时，会出现出汗、心慌、面色苍白等现象，严重者还可能出现注意力不集中甚至昏迷等症状。我们经常说的"撞墙"其实就是体内糖原耗尽而产生的力竭现象。

在越野跑中，糖原耗尽不仅会导致力不从心，还会导致认知问题——反应能力和判断能力的下降，特别是在技术性路段或是自导航中，这会带来安全隐患。为避免出现这种情况，我们需要每小时补充足够的碳水化合物以维持血糖水平。在高温天气或者是高海拔的地区，对碳水化合物的补给需求更高。

碳水化合物有各种各样的来源：米饭、面食、土豆、红薯、水果等。很多食物能够提供碳水化合物，比如一根香蕉约能提供30克的碳水化合物，一个能量胶的碳水化合物含量约为25克。

训练中可以选择释放缓慢、营养丰富、富含微量元素的碳水化合物，现在许多运动员用水果、蔬菜、豆类和其他全谷物代替部分精制米面食材。

没有消耗完的糖原会以肝糖原与肌糖原的形式，分别储存在肝脏及肌肉中，等到需要的时候释放出来供能，这就是很多跑者在赛前用的"肝糖超补法"原理。建议在比赛开始前的48小时内进行，在这两天内，按照8~10克/公斤体重的标准来摄入碳水化合物，同时比平时少吃一些蛋白质和脂肪，以确保自己有足够的食欲来消化和吸收碳水化合物。还需在赛前3天减少训练量，以增加身体内碳水化合物的储备量，从而为在比赛中发力奠定良好的能量基础。

在比赛前和比赛中，最好避免摄入高纤维或者比较难消化的碳水化合物，以免出现胃肠道问题。

二、脂肪

对跑者来说，脂肪是不可或缺的。脂肪拥有超高能量/重量比，充分燃烧体内的脂肪，可以培养出耐力超群的体格。脂肪是保护内脏器官与维持基本生理功能的重要"部件"，也是身体的能量源，必须适量摄取。摄取不足时，在训练时容易感觉乏力，训练后的疲劳也不易恢复。不过，一般日常食物中都含有足够脂肪，通常不需要再刻意摄入。相反，现代人摄入脂肪的机会太多，需要控制不要摄入过量。鱼肉含有大量不饱和脂肪酸，建议跑者可以经常摄入。零食方面，可以选择腰果、杏仁、开心果等富含优质脂肪的坚果。在食用油的选择上，我建议使用橄榄油，避免食用猪油、奶油等动物性油脂。要注意不要摄入会让体能状态变差的反式脂肪酸。通俗地说，反式脂肪酸是在制油过程中产生的劣质脂肪，对人体的心血管有较大影响，薯片、炸薯条等，都是含有反式脂肪酸的代表性食品，应尽可能少食。

一个普通的跑者体内可以存储大约2500大卡的碳水化合物，依靠碳水化合物供能可以奔跑几个小时，但不足以应对长距离的越野跑。但身体还可以储存大量富含能量的脂肪，所以训练身体利用脂肪作为能量来源可以大大提高耐力。这也是近年来，一些跑者选择高脂肪生酮饮食的原因。但是至少到目前为止，尚无足够的研究数据证明长期进行生酮饮食可以改善运动能力，只是大量数据表明采取这种饮食方式可能会在短时间内有助于减肥。

理论上，如果能够最大限度地利用脂肪作为能量来源，就能为比赛的后期阶段保留更多的肌肉糖原储备。因此，我们可以尝试这种优化脂肪代谢的方法，让身体习惯燃烧脂肪供能。在日常训练中，建议在开始跑步前90分钟内避免摄入碳水化合物，从而增强线粒体功能和脂肪的氧化能力。

另外，偶尔在早餐前或空腹时摄入糖原含量低的食物，或在断食状态下进行某些低强度的训练，是可行的。需要注意的是，在长期缺乏碳水化合物的状态下训练，会增加健康风险。

三、蛋白质

蛋白质参与构成肌肉与内脏。补充蛋白质能够修复跑步运动时损伤的肌肉纤维。跑步，尤其是长距离跑步，如无足够的外界营养摄入，人体就会分解自身肌肉中的蛋白质，生成能量，这样不但无法维持肌肉，还会损伤肌肉结构，导致肌肉体积缩小，力量下降，长时间持续运动会消耗肌肉的原理就在于此。跑者一定要注意优质蛋白质的摄入，此举对于保护肌肉，恢复运动后的疲劳大有好处。建议每天摄入不少于1.5克/公斤体重的蛋白质，根据训练情况最高可达2.5克/公斤体重。在持续数天的耐力运动中，绝不能忽视补充足量蛋白质。

在比赛中，如果补给站没有提供蛋白质食品，可以自行准备一些。

尽量选择加工少且富含氨基酸的蛋白质食品。动物性蛋白质有：牛肉、鱼肉、鸡肉、蛋、牛奶等。植物性蛋白质有：豆腐等大豆制品、西蓝花、芦笋、燕麦等。如果通过食物无法满足蛋白质的补给需求，尤其是素食运动员，则可以选择补充蛋白质粉。如果是纯素饮食，则最好将豌豆和大米等植物蛋白质来源组合在一起食用，以便两种食物中的氨基酸能够相辅相成。

第二节
营养计划

一、训练和比赛的营养计划

要想发挥出全部运动能力，就必须吃好吃对。为了防止在"吃"上犯错，训练和比赛的前、中、后期到底该怎么吃呢？

（一）训练和比赛前

选择占用肠胃空间少、重量轻、营养种类丰富、热量极高且比较易于消化，残余和产气少的食物。应当在运动前1~3小时吃完，理论上应选择低聚糖等优质碳水化合物含量极高的食品。

（二）训练和比赛中

为了保持长时间运动，人的能量储备会优先为参与运动的肌肉与调节运动的神经服务，流向消化道的血液减少，功能会受到抑制。此时应当选择热量高、优质碳水化合物含量高，含有适量的钠、钾、钙、镁等电解质，能快速吸收和增强耐力，膳食纤维少，便于携带和快速食用的食物。如果是为持续12~24小时的比赛选择食品，附加要求是含有能够维持肌肉耐力和身体修复的维生素B1、B2、C的食物。在时间超过24小时的比赛中，还要吃常规饭食，甚至补充维生素A、D、E、K这些脂溶性维生素和各类微量元素。

（三）训练和比赛后

长时间运动对消化的影响是系统性的。不光能量消耗大，还会耗用肌肉中的蛋白质、多种电解质、维生素与矿物质。因此，运动后的营养恢复，越快越好。应当选择易于消化吸收，尽量接近全营养，高碳水、高蛋白，并含有适量的优质脂肪的食物，而且食物中最好含有较多种类的维生素与微量元素，以及较为丰富的膳食纤维。

下表给出了具体的营养计划案例，供大家参考。

项目	营养摄入原则	推荐食物
训练前晚餐/比赛前晚餐	1. 高碳水，低纤维，低脂肪，低蛋白。 2. 避免陌生食物以及一切可能引起问题的食物（比如辛辣刺激的食物）。	面条、面包、馒头、新鲜的蔬菜、水果、肉类
训练前早餐/比赛前早餐	1. 提前2小时进食。主要摄入碳水化合物，少量蛋白质。食物构成简单且相对少量，比日常的一半多一点即可。 2. 如果距离上一次进食超过3小时，在起跑前30分钟适当补充一点小零食或能量胶。 3. 补充200毫升的水。	面条、馒头、包子、黄油面包圈、香蕉、燕麦、水果
训练中/比赛中	1. 每小时补充目标为200~300大卡。 2. 主要补充容易消化的碳水化合物，少量的蛋白质和脂肪。	能量胶、能量棒、牛肉干、坚果、含碳水化合物的复合饮料、新鲜水果

（续）

项目	营养摄入原则	推荐食物
训练后/比赛后	1. 主要补充碳水化合物和蛋白质。 2. 推荐比例为4:1。	混合蛋白质、碳水化合物、脂肪和电解质的饮料，如巧克力牛奶；丰富的餐食：瘦肉、鸡蛋、鱼、果蔬、豆类、谷物

二、比赛时能量胶的正确用法

（一）多久吃一根能量胶？

通常，服用能量胶的时间间隔45~60分钟为宜。

需要间隔时间的原因是避免一次将过多的糖原释放到血液中，能量胶的糖原首先会以葡萄糖的形式被吸收到血液中，糖会留在血液中，直到被肌肉或其他器官吸收。如果在肌肉或身体的其他器官吸收糖原之前，血液又融入了更多的糖原，则会导致糖分摄入过多。

还有个要点是，要始终将能量胶和水一起服用，不要单独食用能量胶，也不要与运动饮料一起食用。没有水，能量胶将需要更长时间来消化并进入血液，如果将能量胶和运动饮料一起食用，则会面临一次摄入过多糖原的风险。

（二）比赛时要携带几支能量胶？

我们曾看到过赵家驹等精英选手晒出赛前的定妆照，他们一场比赛会使用几十支能量胶，完全依靠能量胶向身体供能，实现快速奔跑，减少一切补给所需的时间。这样的方式对于普通人来说，并不一定适用。首先，比起精英跑者，普通人完赛越野跑赛事的时间可能翻番，如此长的时间不食用食物，只依靠能量胶，反而会带来肠胃不适。其次，在长距离比赛中，能量胶的作用是快速供能，而补给站的食物则能够缓慢地向身体补充复合碳水化合物，而不是只有能量胶所能提供的单糖或果糖，只有二者搭配，身体才能绵绵不绝地得到能量供应，才有助于身体持续保持运动状态。

建议大家按照时间频率而不是距离来计算能量胶携带量。很多人习惯爬坡之前吃一支，或者是每隔10公里到补给站吃一支，这样并不利于对身体供能，因为爬升1000米的十公里和零爬升的十公里，所消耗的时间及能量是完全不同的。要根据能量消耗来计算，而不是根据距离或爬升来计算能量胶的使用。

所以最通俗好记的办法就是：一小时吃一支能量胶。到了补给站再选择一些自己喜欢的食物，这样能够保证身体获得持续的能量输入。

根据自己估算的完赛时间来准备能量胶，比如计划24小时完赛百公里，在第11个小时到达换装点，那么在换装点前可以携带11支能量胶，剩余13支放在换装点，以减轻负重。

很多人在比赛初期还能记得按时吃能量胶，而在长距离比赛的后期，头脑已无法理智地思考，陷入混沌的状态或是已经吃得想吐而不愿再吃。针对这种情况，建议可以用手机或运动手表设置每间隔1小时提醒1次的闹钟，及时提醒自己按时吃能量胶。要做到无论是不是想吃，都要按时吃能量胶，及时补充身体所消耗的能量。

食用后的能量胶包装袋比较黏腻，建议提前准备一个垃圾袋。此外，还要预备便携牙膏、牙刷或漱口液，保持口腔卫生。

第三节
日常营养补充建议

一、跑者必须补充的营养元素

越野跑，会消耗大量的能量，流大量的汗，流汗越多，我们的身体所流失的必需元素就越多，所以作为一名跑者，平时更要注重营养的合理搭配。不但要吃得健康，还要吃得全面，以保证各方面营养的均衡。有很多微量元素是跑者所必需的，任何一种元素的缺失都会给运动成绩减分，下面列出的9种对跑者特别有益的营养物质，平时一定要记得补充。

（一）维生素B1 ——制造能量

维生素B1在维持所有细胞的能量代谢中以及神经与肌肉的正常工作中起着重要作用。

可以从这些食物中获取：猪瘦肉、土豆、豌豆、黑豆与糙米等。

（二）维生素B2 ——参与代谢

类似维生素B1，维生素B2在能量代谢中发挥作用，因此在耐力运动中不可或缺。同时，它与造血功能也有一定关联，可以预防贫血。

可以从这些食物中获取：乳制品、动物内脏、谷物与鸡蛋等。

（三）维生素C——对抗氧化

维生素C具有抗氧化，强化皮肤、血管、黏膜、骨骼的作用，还能提高身体免疫力，能够保护身体免于自由基的威胁。

可以从这些食物中获取：猕猴桃、橙子、柠檬、草莓、青椒等。

（四）维生素D——强筋壮骨

维生素D能够促进钙质吸收，间接提高骨密度，强健骨骼，预防发生疲劳性骨折等意外。

可以从这些食物中获取：鱼肝油、蛋、海鱼等；同时，多晒太阳，也能增加维生素D的储量。

（五）维生素E——对抗疲劳

维生素E能够对抗自由基，保护血管内膜、骨骼和脑组织。

可以从这些食物中获取：小麦制品、花生、葵花籽油等。

（六）β-胡萝卜素——用途广泛

β-胡萝卜素能够转化为抗氧化物质，并维持视力、提高免疫力，还能转化成能够保护黏膜和皮肤的维生素A。

可以从这些食物中获取：胡萝卜、黄椒、南瓜等黄色蔬菜。

（七）铁元素——血氧供应

铁是血红蛋白与肌红蛋白的组成成分，参与氧的运输、存储与交换。缺铁时，有氧运动能力下降，最大摄氧量降低，运动耐力下降，容易产生疲劳。具体表现为体能下降，进行长距离跑时容易疲劳。女跑者要格外注意监测铁元素水平。

可以从这些食物中获取：牛肉、黑豆与菠菜等。

（八）钾元素——预防痉挛

钾元素可以调节体液平衡，维持肌肉的功能代谢和收缩，让肌肉动作顺畅，这可以起到保障神经传递正常以及心肌运作正常的作用。如果人体缺钾，会出现肌肉无力、心律不齐等症状。

可以从这些食物中获取：香蕉、橘子、牛油果与土豆等。

（九）钙质——强基固本

钙是强化骨质与保持肌肉运动的必需元素。配合维生素C、D及镁一起摄取，能使吸收效果加倍。尤其是女性跑者更要多摄取。

可以从以下食物中获取：牛奶、海产品等。

二、各种状态下的营养补充

日积月累地训练和比赛，会使很多跑者出现各种症状，除了来自食物的营养素，高强度运动后摄入特定的营养品，在一定程度上也可以起到改善和预防的效果。

（一）关节磨损

为了防止骨骼间起避震作用的关节软骨被磨损，可以通过口服关节软骨成分之一的硫酸软骨素，以及存在于皮肤、软骨中的氨基葡萄糖，同时搭配适量钙与维生素D来进行相关营养素的补充，从而让骨骼更坚固。

（二）贫血

贫血的原因有很多种，肌肉疲劳导致血氧转换的肌红蛋白分解，可能是其中一个原因。可以摄入一些改善贫血的营养品，配合其他营养素一起服用。建议服用综合维生素和矿物质营养品（如铁、维生素B族、叶酸、锌、维生素C、钙、镁）。

（三）腿脚抽筋

肌肉痉挛的原因大多是由于流汗导致钠、钾、钙、镁等元素不足。跑步过程中的前期、中期、后期，可以饮用专门配置的含有钠、钾、钙、镁元素的电解质运动饮料。

（四）经常生病

免疫力低下时，稍微运动一下，身体就会出状况。具有抗氧化能力的维生素C、E和β-胡萝卜素等，都能有效提升免疫力。如果每天都能摄入提高身体抗氧化能力的营养品（如维生素C、维生素B族、维生素E、β-胡萝卜素、锌、硫酸锌），可以帮助身体不那么容易生病，消除疲劳的速度也会加快。

（五）持续疲劳

这可能是由于耐力不足、代谢低下造成的。摄取能够产生能量，帮助身体将摄取的营养转化为能量的营养品（如铁元素、支链氨基酸、维生素B族、柠檬酸、维生素C、牛磺酸、辅酶Q10），帮助身体快速消除疲劳。平时在正餐中也尤其要注意蛋白质和碳水化合物的摄入。

（六）肌肉酸痛

这是肌肉内乳酸堆积引起的。如果能促进血液循环，把肌肉里面的疲劳物质代谢掉，就能有效缓解肌肉酸痛。针对这种情况，我们可以通过摄入支链氨基酸、维生素B族、柠檬酸、维生素C、维生素E、多酚来应对和预防。维生素B1有抑制乳酸生成的效果，可以说是缓解肌肉疲劳的最强效补给品。此外，一定要补充人体用来合成肌肉的蛋白质。

在运动期间适当补充一些营养品，对身体能起到一定的营养滋补作用。但是跑步的成绩最终还是要靠练的，而不是靠补品吃出来的。另外，有些实质性的损伤，还是需要进入正规治疗的程序，光靠吃一点营养品是无济于事的。

第四节
越野跑比赛补给建议

一、放下好奇心：别尝鲜，别创新

之前在装备篇已经提到过不要在比赛中尝试新的装备，所有比赛中使用的装备都应该是已经磨合过的、已经验证过的，没有任何问题隐患的。这个原则在补给中更是重中之重。因为在越野跑中，"吃"这个简单的事情往往会变得变幻莫测，如果你在饮食上充满了任性，肠胃有可能会在赛道上的任何一个点和你对着干。

所以在比赛时不要在饮食上做任何新的尝试，不要在比赛中吃任何你在训练中没有接触过的东西。你应该在训练时就尝试不同的食物，去检验你的补给计划和食物清单。

饮食训练和其他训练一样，都是重要的一环，主要为了实现两个目标：

第一，感受跑步时身体需要补充的卡路里。

第二，找到适合自己的食物清单。

训练时带上便于携带的食物，跑步前吃、跑步时吃，训练身体对食物能量的感知能力。感受补给不足时身体的负面状态，也了解补给到位时，身体给出的正向反馈。需要对于两种状态都尽可能地去做到自我感知。记录训练中尝试的食物和身体的反馈，来帮助找到适合自己的食物种类，去发现哪些食物可以帮助你的身体进行最高效的运转，输出的功率最大。

确定补给计划时，需要考虑比赛的持续时间、距离、地形、温度、海拔、出汗率和背包重量限制、食物和饮料的获取方式。在赛前从组委会处了解补给站将提供哪些食品以及饮料，用来规划自己的补给策略。

二、肠胃问题的预防

在长距离的越野跑中，肠胃出现问题的概率会大大增加，这是因为奔跑时血液被主要供给到肌肉中，导致流向肠胃的血液减少。同时脱水和体温升高也会造成肠胃的不适。比较常见的反应有恶心、呕吐、胃灼烧感，更有甚者会出现腹胀和腹泻。

预防肠胃问题，以下几个点需要注意：

第一，在比赛前要避免摄入富含纤维、高蛋白、高脂肪的食物，这类食物较难消化，会让更多血液流向胃部，导致出现乏力的感觉，同时食物长时间堆积在胃部也更容易引起不适。

第二，比赛前避免食用高度发酵的食物，这有可能会让你陷入到处找卫生间的尴尬中。

第三，控制食物摄入量，吃太多有可能会引起"岔气"。跑步时食物在胃部上下翻腾也极易引起不适。

第四，严格避免酒、咖啡等刺激并影响神经功能的饮料，少喝甜饮料。

第五，比赛前的最后一餐，吃符合口味、易消化、体积小、能量密度高（每100克中含有的热量值越高越好）的食物。在比赛前3小时吃完，还要适当喝水。

第六，在10个小时之内可以完成的短距离赛事，可以通过全程食用能量胶来实现快速生成能量。但是在更长时间的超马比赛中，一直吃能量胶和能量棒这些甜食，到后半段会感到难以下咽。对于中国跑者来说，可以准备一些榨菜、酱菜、肉脯等咸味食品来改善这种情况。如果是更长的距离，或者更长时间的比赛，则建议把能量胶放在赛事后程食用。前期尽量以常规固体食物为主，免得过早对能量胶产生厌倦。

第七，如果肠胃本身比较脆弱，固体食物在跑步时对胃部的刺激会更大，因此可以尝试以液体形式获取补给。很多跑者采用这种补给方式，许多能量饮料都含有碳水化合物、脂肪和蛋白质，从能量补给上来说完全可以代替固体食物。

如果在比赛中单纯感到恶心，这有可能是因为血糖下降引起的，及时吃一些高碳水化合物的食物可以缓解这种情况。

三、补水

一般人日常所需的水分每天最少也要2.5升。而对于正在跑步的人，则须补充更多的水分。跑步时水分一般每小时就会流失1升以上，尤其在流汗量很大的夏天或长距离跑步中，更要重视补水，让身体有充足水分才能顺畅地进行运动。

跑步时补水，是一个容易被忽视的问题，一般人觉得跑得口渴了就去喝，跟随自己身体的感觉就可以了，所以不会太重视补水的技巧。但是，如果不注意补水，就有可能会陷入脱水状态。脱水是指身体因为出汗或拉肚子、水分摄入不足等原因而陷入缺水状态。如果持续流汗不补充水分，脱水症状就会越来越严重，会引起体液失衡、体温调控失常，轻则肌肉疲劳抽筋，重则甚至会引发中暑。脱水会使血液内的水分流失，血液会变得浓稠，流速变慢，身体会感到极度疲劳和乏力。如果情况继续恶化下去，血液浓度会继续上升，对心脏和其他器官也会造成影响。最糟糕的情况下，有昏厥甚至猝死的危险。所以当你感到口渴时，其实就已经非常接近脱水状态了，要务必提高警觉，及时补水。

人体一次性能吸收的水分大概是500毫升，喝得太多只会造成尿频。建议在比赛期间大约每20分钟补水200毫升。当然每个人的体质不一样，每次比赛的环境条件不一样，比赛状态也不一样，所以具体补水量需要根据实际情况调整。可以在平时训练时通过在训练前后称量自己的体重来了解自己在此类条件下跑步的出汗情况，也可以观察小便的颜色来判断身体内水分是否充足。

跑步时的补水，应该要遵循小口喝、多次喝的原则，千万不要因为口渴把水一下子全喝光。人体的吸收也是需要一个过程的，就像一个水槽，一下子倒下去太多水，水位也只能旋转着缓慢下降。一下子喝太多水，就会对身体造成不必要的负担，严重的话还会造成体液失衡，血液中的钠含量被过分稀释，可能会导致低钠血症的发生。这之间的平衡同样需要在训练中去了解、确定，知道自己什么时候需要补水以及需要补多少水，然后像制订补给计划那样相应地制订一个补水计划。

补水并不是单单指纯水，也包含运动饮料。运动饮料富含能量和电解质，一举多得。不过，一味地喝运动饮料，常常会让胃很不舒服，最好能在水和运动饮料间来回切换。

四、基利安·霍尔内特（K天王）的比赛补给计划

在2022年的UTMB中，西班牙运动员基利安·霍尔内特（Kilian Jornet）以破纪录的方式再次证明了自己才是这项赛事中唯一的王者。赛

后，他撰写长文系统地回顾了在过去的一个赛季中，自己的训练及比赛复盘。下面翻译节选了这篇长文中有关补给的内容，供读者参考。

（一）短距离比赛（Zegama 与 Sierre-Zinal）

（1）赛前一天的晚餐：米饭、土豆或意大利面，一些脂肪（如牛油果和坚果），正常分量。

（2）赛前3小时：早餐（1片面包）。

（3）赛前2小时：碳水化合物碗（其中含40克碳水化合物）。

（4）喝水。

（5）比赛期间：每30分钟补充1个能量胶（第1支含咖啡因，其他不含）。在补给站喝水或含碳水化合物的水，每小时喝200~250毫升。

（二）硬石100

（1）开赛后第一个10小时：每30分钟补充1个能量胶，每小时喝500毫升含碳水化合物的水，每4小时吃1根能量棒。

（2）第二个10小时：每1.5小时吃1根能量棒，每小时喝500毫升含碳水化合物的水，在第3个补给站食用固体食物（例如牛油果配饭、油炸玉米粉饼、汤等）。

（3）晚上在最后两次上坡之前吃1个含咖啡因的能量胶。

（三）UTMB

（1）使用Maurten Drink MIX 320，每小时喝500毫升含碳水化合物的水，每2小时摄入5克蛋白质。

（2）每2小时吃1根能量棒。

（3）每当我需要更多的葡萄糖时，补充1个能量胶（快速上坡的前几个小时）。

（4）补给站的固体食物（主要以脂肪＋纤维＋碳水化合物为主）。

（5）牛油果饭。

（6）煮土豆。

（7）墨西哥牛油果卷饼。

（8）牛油果、香蕉、红枣、坚果、黑巧克力的混合饮品。

（9）甜菜根汁。

第五章
比 赛 篇

比赛前

比赛中

第一节
比赛前

比赛是对训练最好的全方位检验。我们可以以比赛为目标，为自己增加动力，这样当完成一场比赛后，会让自己得到实实在在的成长。

为了能顺利完成一场越野跑比赛，在比赛前我们需要做的准备有很多，所谓"细节决定成败"，虽然这些看上去都是琐碎的小事，但如果不提前做好准备，轻则影响比赛时的体验，重则直接毁掉一场比赛。成事须具备"天时、地利、人和"，越野跑也不例外，三点缺一不可。

一、天时

不同的季节、气候、温度直接影响到装备的准备。所以对于比赛日的天气情况要事先了然于胸，并以此为根据准备合理的装备搭配。一般组委会也会公布比赛日的天气情况、温度状况。如果有大风大雨或正值严寒酷暑，装备上需要做出有针对性的配置。

可以在平时就列一份装备清单，然后再根据这一场比赛的实际情况做出针对性的调整，增加或减少某些装备。在比赛前，将衣服、装备以及寄存包分别放入透明的塑料袋中，既能防水又便于查找。注意再重点检查一下头灯、电池和急救包。另外在比赛中可能会出现一些不可抗力，比如极端天气、受伤，需要提前准备好一次性雨衣、凡士林、肠胃药等，以备不时之需。

赛前查看赛事说明，了解换装点以及补给站的位置，可以将地图带在身上，以备比赛时查看，防止跑错路。

天气之外，另一个需要重点考量的就是时间，时间包括三个方面：

（1）时间与温差

大多数100公里或更长的越野跑赛事，需要从白天跑到晚上，甚至要持续几天几夜。有些地方早晚的温差可能大到跨越两个季节，一定要考虑到这一因素。在越野跑背包里面准备一件轻量化的皮肤风衣对于应对突发的天气变化很有用。

（2）时间与存包点

根据换装点的位置和你的配速计划，搞清楚在各个点不同的需求，以

便安排好在各个相应的存包点放上
特定的装备。比如：预估在哪个点
要开始夜跑，就要在相应的存包
点放上保暖的衣服和给头灯供电的备
用电池。如果知道在某个点之前有
涉水路段，那就要在这个点放上额
外的替换的鞋子。建议在寄存包中
放一张卡片，提醒自己在这一换装
点要做的事情和要带上的物品。

尽量让寄存包上有显著的标
志，比如使用颜色别具一格的寄存
包，或者在包上写上大大的名字，
方便志愿者快速地找到，这会为你节省下宝贵的时间。

（3）确认"关门时间"

比赛都会设关门时间，既有终点的关门时间，也有各CP点的关门时
间。报名的时候要仔细阅读《参赛须知》，其中都会列明本场比赛的终点
关门时间和各CP点的关门时间。比赛的时候不要只顾着拍照和享受，就
算不为了竞技，也要想方设法赶在各检查站与终点的关门时间之前到达，
争取完赛。

二、地利

所谓"地"，就是要了解比赛路线的距离、地形、地貌、爬升高度。
这是在比赛前另外一个需要重点准备的工作。

距离是个比较直观的指标，报名的时候就已经明确。距离的长短是多

数人评判赛事难易度的一个指标，距离越长，一般就意味着完成时间越长，完成难度越大。

但实际上"爬升高度"也是一个非常重要的指标。尤其对于之前参加路跑马拉松的跑友来说，一定要重视这个指标。比如10~20公里入门级的越野跑比赛，可能听上去感觉就是半马之内的距离，似乎没有什么难度。但事实上，你可能需要花费比全马更多的时间和体能才能完赛。其中的差别就是来自线路的爬升高度带来的难度提升，不单单有水平的长度，更有垂直的高度，高度的改变直接影响到跑步速度和难易度。有些10公里的越野跑比赛，爬升超过1000米，这和路跑10公里就是两种比赛体验了。因此在看线路时一定要记得看高程图，高度的改变直接影响到装备和体能的分配。

越野跑和路跑最大的区别还在于地形的变化多端，比起路跑时平坦的人工铺装路面，越野跑的路面情况复杂得多。有些路段路径明显，有些路段是错综复杂的林木，有些是攀爬地形，有些是草丛泥地……因此，在开始比赛前，需要有针对性地去了解赛道情况。包括：危险地形、特殊地形、岔路口、检查站等。对于线路地形的研判，关系到时间的预估、装备的选取、存包物资的准备、预计的休整点……可以参考组委会提供的赛事介绍资料和爬升数据，对赛道难度和体能技术要求进行大致估计。根据高程图、路书，以及往届选手的赛记、攻略、照片等资料进行赛程推演，预测分段时间。事先多一份准备，就能为顺利完赛多一份保障。

最后，记得下载组委会提供的官方轨迹文件，在赛前将地图文件导入运动手表或手持机等电子定位设备中。虽然这一路上组委会都会设置导向路标，但是有时候这些路标会被破坏、遗失、遮挡，也有可能在奔跑中漏看、错看，依靠组委会设置的路标加电子设备导航，是最稳妥的不迷路办法。即使不小心跑错路了，也能安全快速返回到正确路线。

三、人和

比赛前夕不要再进行激烈的训练，比赛前的1~2天要尽量让自己放松，有意识地多休息，保证良好的睡眠质量。如果是出国比赛，还要考虑时差，可以提前一周按照比赛地的时区来调整自己的作息时间，让生物钟提前适应比赛的节奏。

比赛前一天确认一下起点位置和交通路线，提前做好规划。比赛前夜食用易消化的高碳水食物，整理一下明天要用到的装备，将号码簿固定在参赛服上。设定好起床闹钟，早点就寝，确保足够的睡眠时间。

最好在比赛开始前三个小时起床。抓紧时间洗漱、排空、吃早餐。比赛前的早餐建议可以吃面包、面条、香蕉等易消化的食物，如有必要，可以再喝一点运动饮料。有些跑友会给容易摩擦的部位涂上润滑油以降低摩擦受伤的风险。最后，带上前一天晚上准备的背包、寄存包，并最终检查一遍，出发去赛事起点。

存包后，可利用等待时间进行赛前热身，四处走动或轻松慢跑几分钟，让身体热起来就足够了。

第二节
比赛中

一、时间安排

我们在路跑的时候，"配速"是一个很重要的指标，但是在越野跑中似乎很少去谈配速，因为在越野跑中的配速和路跑的配速有很大区别。相比于路跑中每公里的配速，越野跑中的配速则更需要跑者具备一定的大局观。

越野跑配速的本质就是时间安排。一个好的配速计划要做到该快的地方快，该慢的地方慢，防止糖原过度消耗，导致后续无力，甚至退赛。越野跑的时间安排是一个系统工程，从总体完赛时间的预估，到比赛路线上的各个点之间需要花费的时间的预估，再到各个补给点之间的用时，以及哪里开始会需要头灯等各时间点的预估……可谓事无巨细，各种因素都要考虑到。因为长距离充满了各种可变因素，这会让"一切皆有可能"，有时候赛前看上去不起眼的细节会对用时产生巨大影响。

以下建议可以在你制订适合自己的并且可执行的时间计划时用于参考：

（1）从赛事官网下载路线图，了解地形和路况

了解海拔，爬升下降的位置长度和大致坡度，以及比赛日的天气状况。了解补给站之间的距离，初步估算两个补给站之间可能需要花费的时间。同时需要了解补给站信息——提供的食品和饮料，以及是否可以存包。

（2）查看历届比赛的结果，并将自己和往届类似能力水平的参赛者进行比较，他们的分段时间是很好的参考依据

最好能多选几个参赛者来排除异常数据，让数据更有代表性。由于每个人在技战术水平和体能状态上存在差异，因此即使几乎同时完赛的两个人，在分段用时上也会大相径庭（除非是两个人特意结伴同行）。注意那些相似之处和不同之处，以及在什么时候开始有所不同。是在补给站浪费了很多时间？是不是有某一段大家都在那里花费了很长时间？经过分析得出参考数据后，就可以用来制订自己的分段配速计划。在制定配速计划的同时，备注好补给计划和注意事项。

（3）设定多个比赛目标，对目标进行分级管理

如果因为各种原因无法完成首要目标，那么就退而求其次，力争达成第二级或第三级目标。这样在整个比赛过程中，可以按照不同的目标来随时调整自己的时间计划。心里装着目标，可以让自己保持状态，而不至于瞬间崩溃。

（4）如果第一次参加越野跑赛事，可以按照你同样距离路跑的用时为基础增加30%~50%来粗略估算完赛时间

根据赛道难易度进行调整，爬升多、技术路面多，则相应增加时间；反之，则减少一些时间。

总之，设定比赛日的时间管理是平衡的艺术。如果比赛那一天预估到随后某一段的天气会变得更加炎热，那么可能需要调整一下配速，趁着

还比较凉快，尽早一点完成当前赛段。有些跑者不喜欢夜跑，那就需要多利用一点白天的时间完成更多的里程，来应对黑夜。这些考量都可以体现在时间计划中。

当然再周密的计划也赶不上变化，越野跑赛道上总是充满了各种变化，很可能让整个时间管理计划不够准确。放轻松，要相信一切都是最好的安排，就当作是经验的积累和实践，能力就是在一次次的不如意中慢慢提升的。

二、体能策略

（一）比赛前半程

在体能分配上最容易犯的错误就是一开始冲得太猛，导致后半程乏力掉速。要知道，你面对的是漫长的赛道，不可能靠第一公里的猛冲就赢得一百公里的比赛。"跑步圈"内有一句俗语："前面有多慢，后面有多快。"所以出发的时候务必控制好节奏，为了避免一开始速度过快，可以把赛程的前10%当作热身，用很慢的速度前进就可以了，顺便可以拍照留念。

比赛前半程的主要任务是帮助身体建立一个良好的节奏，让身体尽快适应比赛的环境，可以有意识地自我评估一下，身体的放松程度、有无疲劳的感觉、运动的姿态是否感觉顺畅……如果感觉有异常，则应该做出相对应的调整，比如降低速度，降低对计划完赛时间的预期。

如果感觉一切正常，那么前半程放松精神，匀速前进，不要给身体带来过大的负担，为后半程积蓄能量。

（二）比赛中段

在比赛中段，注意检查自己的体能状况。很多跑者在进入中段以后，虽然会略感疲劳，但因为精神依然亢奋，所以整体状态依然不错。此时，最容易犯的错误就是过分乐观，开始盲目加速，甚至抛开原有的分段目标，提高对完赛成绩的预期。但是，这样往往会迅速消耗掉体能，甚至将前半程积累的能量过早地耗尽。因此，在比赛中段，要保持清醒的头脑，准确评估自己的体能储备，即使要加速也是慢加速，而不是一脚油门踩到底。

如果你是第一次参加越野跑，更要学会放慢速度，尤其是在陡峭的山坡上上坡或下坡的时候，专注于落脚点，哪怕慢一点，也比受伤要好太多了。目标应该是顺利完赛，先确保完赛，再考虑成绩。

在超长距离的越野跑中，一个合理的配速策略中应该有很大一部分是步行，而且在陡峭的山坡上步行通常比跑更有效率，还可以为后面的比赛节省体力。即使是精英选手，在陡峭的山丘上也是以走为主。

（三）比赛末段

在跑马拉松的时候，经常会听到一句话："真正的马拉松从32公里开始。"同样地，在越野跑中"行百里者半九十"，真正的比赛在于最后的10公里、20公里。

最后一段路程是内心无比挣扎和纠结的时刻，掉速是很多跑者会遇到的问题。此时不要盲目去加速，试图弥补时间，而是要优先保证身体的状态。在体能耗尽的边缘，心理上想要放弃的念头会越来越强烈，如果再因为加速引发抽筋等生理上的问题，那么放弃也就在一瞬间了。

保持住当前速度就可以，最后这一段要使出你之前在训练和比赛中获得的全部潜能，身体的痛苦无法避免，但你要告诉自己，之前所有的努力就是为了最后这一段的坚持，撑过去，你就是赢家。

三、补给原则

在跑步过程中，血液会优先输送到更重要的系统，比如心肺系统、肌肉、大脑等，相应地会减少对消化系统的血液输送，因此会减慢消化速度。通常在跑步时，我们每小时大约能消耗的热量为400大卡。即使以每小时6公里的较慢的速度前进，每小时也需要消耗约240大卡。因此，如果无法及时补充所消耗掉的能量，那么就很容易会出现"撞墙"。这不仅仅是一种身体机能上的灾难，更是一种精神上的折磨。想要尽可能减少"撞墙"，就需要不断优化补给，将这些影响降到最低。

对于100公里以内的比赛，建议每小时摄入150~300大卡。超过100公里的更长距离的比赛，建议每小时摄入200~400大卡。应该按照计划进食，确保每小时摄入的热量值，而不是等到饿了才吃，渴了才喝。等到身体有感觉的时候，能量已经出现巨大亏空。具体每小时摄入多少热量值，这是你在饮食训练中需要确定的，而不是在比赛当天。有时候在跑得比较顺利的时候往往会忘记补给，可以用手表的计时器提醒自己不要停止进食。很多精英跑者有非常详细的补给计划，将目标拆分量化到无比细致，细致到能够监测到那些别人忽略的参数。

在比赛中，尤其是超长距离的比赛中，你可能会肠胃不适、没有食欲，甚至看到任何食物都会觉得恶心。这个时候一定不要任性不吃东西，如果能量摄入水平低于200大卡/小时，会让你的身体处于亏空状态。此时，一定要寻找能吃下去的东西，哪怕少吃一点，哪怕降低速度让身体适应进食。总之，无论如何都不要停止进食，否则后面只会越来越糟糕。

高效合理利用沿途的补给站，既可以减少负重，也可以节省时间。到了补给站，先将水壶灌满水，然后进食热食和热饮。临走前，可以拿上便于边走边吃的食物，比如包子、饭团、红薯、水果等，也可以拿一些独立包装的小零食放进包里。吃完东西，走出补给站，这个时候也不能马上就开始跑步，对消化不利。所以利用这段时间，可以边走边吃一点东西，无形中也节省了时间。独立包装的食物可以在途中步行的路段，边走边吃，注意不要将外包装随手丢在野外。

留心补水的平衡，如果到了补给站水壶还有大半，要警惕是否补水不足。如果还没到补给站，水就喝完了，检查一下是否是携带的水壶不够大。

四、心理建设

长距离跑步既是一场对身体的考验，也是对心理的挑战。甚至在有些时候，内心的强大与否往往决定着我们能否挺过最艰难的时刻。

日本知名作家村上春树，也是一名跑步爱好者，他甚至专门写了一本书《当我谈跑步时我谈些什么》来聊跑步。书中记录了他第一次参加在北海道举行的100公里超级马拉松时激励自己的"绝密心法"。

当跑到60公里的时候，他写道："跑着跑着，身体各个部位逐一开始疼痛。先是右腿疼了一番，然后转移到右膝，再转移到左大腿……就这样，浑身的部位轮番上阵，高声倾诉各自的痛楚，连声悲鸣，警告连连。跑一百公里仍是未知的体验，身体处处皆有牢骚。我完全理解，然而无论如何，唯有忍耐着默默跑完全程。"

这个时候，村上春树对自己说："我不是人，是一架纯粹的机器，所以什么也无须感觉，唯有向前奔跑。我这样告诫自己，几乎一心一意地想着这几句话，坚持下来了。倘若我认为自己是一个有血有肉的活生生的人，也许就会在途中因为痛苦而崩溃。"

就是凭着这样的一种自我的心理建设，村上春树挺过了最痛苦的时刻，最终成功完成100公里超级马拉松。

越野跑从几十公里到几百公里，不要被数字吓倒，我们可以拆分目标，将漫长的里程划分成几个小段，比如：从一个补给站到下一个补给站、从一个路标到下一个路标，或者将一段巨大的爬升路段分成若干个高度区间去完成。专注于眼前的一个个小目标，然后分段去实现，这样每当完成一个小目标，在心理上就会被激励一次。完成一个个小目标，就意味着离最终目标越来越近，心中的希望也会越来越强烈。

在比赛前，给自己"打打鸡血"，阅读一些越野跑前辈的书、文章，或者观看几部运动励志类的影片。当身体的痛苦不断袭来的时候，想起前辈们那些充满挣扎、努力、拼搏、奋斗的故事，鼓励自己："没有人能随随便便成功，大家都是这样拼下来的。"

很多时候，当你停下来了，比赛也就终止了。但如果撑过去了，可能就顺利完赛了。分清楚"想要停"和"需要停"，前者只不过是焦虑的情绪，后者才是无奈的现实，一定要学会区分开二者。即使已经跑到怀疑人生，但如果只是主观的"想要停"，那就克服它、撑过去，告诉自己："一切都会好起来的！"

在最难熬的时候，想象一下自己冲过终点的情景，很快就能重新振作起来，满血复活。

五、"三"原则

在漫长的比赛中，会冒出各种各样的念头，有些念头可能一闪而过，但如果有一个念头在你脑海中反复出现了三次，一定要重视这个想法。这个念头有可能是想要上厕所，也有可能是想要停下看下伤痛处，还有可能是想要吃点东西……这种反复出现的念头就是身体给你的某种声音，甚至是某种"提示"和"警告"，要尊重这种身体本能的需求，不要犹豫，马上果断去做。

六、比赛中的礼仪

虽说越野跑是一项很自由的运动，想跑就跑，想快就快，想慢就慢，没有那么多约束。但在赛道上还是需要我们遵守一些礼仪的。要不然，自己倒是随心随性了，却会让其他跑者感到不舒服。

（一）保持安全距离

安全的社交距离是1.2~2.1米，这种距离会给人一种安全感，与人保持这种距离，会让我们不害怕受到伤害。如果陌生人之间靠得过近，安全感就会降低，情绪上多处于"戒备"状态。所以当遇到单人道时，如果前面有其他跑者，不要太近距离地尾随别人。尤其是男性过近地跟着女性跑，会增加女性心理上的不安全感。

如果你正试图超过前面的人，要设法让他知道你的意图。大声告诉他你的位置："我在你的左边。"这样如果正好有足够的地方，或者等到道路稍微宽一点的地方，他就会靠边让你通过。如果碰到戴着耳塞的跑者可能听不到你说的话，你需要轻轻拍拍他的肩膀，让他知道你想超到前面去。

在有些狭窄的上山路中，会排着长长的队伍，一般在比赛的前几公里比较容易出现，最好不要在这个时候选择不断超越，这只会让拥挤的山路更加混乱。不如放松一下，好好欣赏风景，享受这难得的悠闲时光。

（二）被关门不恼火

比赛的关门时间设置信息会清楚地写在赛事说明中，在比赛前，你需要非常了解各个点的关门时间和总关门时间，并且制订计划以确保你能够在每个点的关门时间之前到达。但有时候，总会有各种情况的发生导致你超出了关门时间，这时请保持内心的平静，不要和志愿者们发火抱怨，不要去要求负责人网开一面让你继续比赛。因为这是违反公平原则的事情，关门时间对任何人都有效，没有例外，不要将自己置于尴尬的境地。

（三）尊重志愿者

志愿者并不是私人奴仆，可以随心所欲地呼来唤去。那些在赛道旁、补给站、分岔路口帮忙的人是在牺牲自己的个人时间来提供服务。当我们享受了他们的服务、帮助以后，请说一声"谢谢"，感谢他们的付出。即使不说感谢，至少请给予他们应有的尊重。

（四）不要边跑边吐痰

不知道你有没有遇到过这种情况：在你前面跑步的人，突然侧转脑袋就是一口痰，如果刚好这个时候你处在下风区，那可能就是糊了一脸的唾沫了。这可真是最令人讨厌的一种行为了，也是危害性最大的。不仅遍地痰迹会有碍观瞻，更是传播疾病的罪魁祸首。不随地吐痰是公民的基本素质，但是很多人就是做不到。提醒自己，不要做这样的人。

比赛时随身带一小包餐巾纸，有两个用处：①应付突如其来的肠胃问题；②可以包裹一些脏东西再扔到垃圾袋，比如突然嗓子有异物感想吐痰。

（五）不要乱扔垃圾

准备一个塑料袋用来装自己一路上产生的垃圾，并将它们带到补给站的垃圾桶里。保护大自然，人人有责。

（六）安全使用登山杖

使用登山杖时，要注意前后跑者，避免挥舞幅度过大，弄伤他人。不用时，折叠好拿在手上，或放进包里，或挂在包上。即使不折叠，也要把尖头朝前并竖着拿，以免不注意伤及后面的人。

（七）伸出援手

如果在赛道上有人遇到了危险或者需要帮助，请伸出援手，在野外，你的帮助也许就是生的机会。

良好的道德礼仪是做人的基本底线，而作为一名跑者，无论是在跑道上还是赛场上也都应如此。与人方便就是与己方便，和谐的环境需要我们共同努力。

七、坦然面对退赛

退赛，也是越野跑的一门必修课。如果问一名跑者："你是否退赛过？"面对这样直白的灵魂拷问，或许每个人都能说出自己难忘、心酸、无奈的退赛经历。

赛道中的艰辛汗水只有自己知道，越野跑的路途中，我们学会敬畏山野、敬畏自然，挑战自我极限，感受生命的坚韧。与此同时，我们更要承认生命的脆弱。坦然面对退赛，努力调整心态与情绪，专注享受过程，享受脚下的每一步路，这些更是越野跑教会我们的道理。越野赛的终点是安全到家，退赛是另外一种勇气，更是对自己、对亲人负责任的态度。

因此，2020年，由我主理的江南100系列赛最难场次——江南之巅，也特别为退赛选手设立了正式的关门仪式，并且颁发退赛证书，大部分参赛选手也接受了大概率退赛的事实。只要敢参赛，不论成败皆是英雄，在拼尽全力之后选择放弃，接受不可避免的遗憾，不过是人生常态。

什么时候该退赛？一般来说，有些问题比较容易处理，也可能会随着时间的推移慢慢好转，比如肠胃不适、身体疲劳、局部的小伤、轻微的恶心等，可以给自己一点时间，看看在简单处理后会不会趋于缓和。但有些问题，是可以预计到会一直恶化下去的，比如严重的韧带拉伤、扭伤、骨折、流血不止、肠胃炎、反复呕吐，以及一直没有缓解的脱水或失温等，再坚持下去，只会带来更严重的后果和不可逆转的损伤，那就应该果断选择退赛。毕竟留得青山在，不怕没柴烧，跑步是一辈子的事情。

退出比赛有两种情况：

第一种情况为主动退赛。

如果选择在途中退赛，请自行前往距离最近的补给站，告知工作人员，办理退赛手续。于补给站等待组委会安排的车辆接驳至赛事终点。如自行返回，需拨打号码布上的电话，通知赛事指挥中心的工作人员。若选手中途自行中止比赛并未告知组委会，将被视为弃赛，组委会不承担其之后的任何后果。

第二种情况为强制退赛。

经组委会工作人员判断，如选手当前的情况可能危及选手的人身安全时，组委会有权强制要求该选手暂时停止比赛或退出比赛。

第六章
恢 复 篇

比赛后立即要做的四件事

跑后拉伸

泡沫轴自我按摩恢复

第一节
比赛后立即要做的四件事

经过漫长的拼搏，终于冲线了，无论成绩如何、有没有达成个人最好成绩，都已不再重要。为自己喝彩，此时此刻，最适合享受比赛后轻松的惬意时光。不管这一路有多么的煎熬痛苦，都已变成弥足珍贵的美好回忆。好好休息，大快朵颐，让自己尽快恢复，迎接下一场的挑战。以下四件事是比赛后立即要做的事情。

一、冷身

跑完不要马上坐下、蹲下或躺下，四处走走放松一下。虽然你的脚步停止了，但心脏和身体各个器官还是处于高负荷的运转过程中。这时候，如果你马上就停止不动了，那么高速循环的血液在腰臀和支撑拉伸的部位，是被压迫和局部阻碍的，血管的压力会突然增大。就像原来四车道的马路，突然变成了两车道，车流立马就开始拥堵。

有些人跑完觉得很累，甚至会原地躺下，这样其实是非常危险的。运动时你的头部高于心脏位置，心脏为了保持向大脑供血，会维持在一个较高的输出功率。这个时候你突然躺下，脑部就和心脏保持水平了，但心脏一下子还在原来的输出功率，这时高速流淌的血液一下子涌到脑部，脑部血管承担了突然增加的压力，这种后果的危险程度无须多言。

所以，跑完后不要一下子坐、躺和拉伸，而要将速度逐渐降低，慢慢降低到走的速度，走3~5分钟，让心率降下来，让全身紧张的肌肉、韧带、关节也慢慢放松下来，同时也让身体逐渐冷却下来。

赛后要注意保暖，哪怕是在暖和的天气，你都会感到特别的寒冷，甚至超乎你的想象——身体发抖、牙齿打颤，停止运动后急剧下降的体温很容易造成感冒和失温。所以，在终点事先准备好暖和干净的衣服，赶紧披上保暖。同时，脱掉跑鞋，换上拖鞋、洞洞鞋等让脚更"自由"的鞋子，这种感觉简直太棒了。

二、补充营养

完成比赛后，要逐渐补充食物，以优质的蛋白质和碳水化合物为主，肌肉需要蛋白质来进行修复，需要碳水化合物来补充能量。忌油腻，最好少量多次，切记不要暴饮暴食。如果缺乏营养的补充，你会发现身体恢复很慢，总是会感到疲倦，会影响后续的训练。如果是"背靠背"比赛，那么赛后的营养补充更是重中之重。

推荐一些非常适合在跑步后摄入的食物，能够提供跑后所需的营养物质，帮助修复肌肉、提升状态，让身体从疲劳中快速恢复。

1. 糙米

糙米是指除了外壳之外都保留的全谷粒。糙米含有大量的纤维素，纤维素具有降低胆固醇、改善肠胃机能、加速新陈代谢的功能。糙米有8种氨基酸、16种矿物质、21种维生素，是完整、全面、天然的营养食物。

2．苹果

苹果是蔬菜水果中营养价值最接近完美的一个，有科学家和医师把苹果称为"全方位的健康水果"。苹果富含果胶、纤维素和维生素C，可以阻止肠道吸收低密度胆固醇，有非常好的降脂作用。苹果中的胶质和微量元素能保持血糖稳定，维生素C有助于维持红细胞浓度，刺激抗体和白细胞的再生，从而增强身体抗病能力。

3．西芹

西芹的蛋白质含量比一般果蔬高一倍，铁含量是番茄的20倍，但是西芹的热量很低，因此可以不用担心会导致肥胖。西芹含有刺激脂肪消耗的物质，富含粗纤维，从而能有效减少脂肪和胆固醇的吸收，平衡体脂。西芹含有大量钙和钾，可以调节体液平衡，同时还含有抗关节炎的物质，对运动爱好者来说尤其有益。

4．西蓝花

西蓝花含水量高达90%以上，营养成分十分全面，富含蛋白质、碳水化合物、脂肪、矿物质、胡萝卜素等；而且蛋白质含量高，每100克西蓝花富含蛋白质3.5~4.5克，是菜花的3倍、西红柿的4倍。西蓝花属于高纤维植物，能有效降低消化系统对葡萄糖的吸收，具有降低血糖、控制糖尿病的功能。

5．芦笋

芦笋所含蛋白质、碳水化合物、维生素和微量元素的数量均优于普通蔬菜，而且蛋白质含量高，热量较低。芦笋是天然的膳食纤维，能帮助消化。芦笋可以促进细胞正常化，具有防癌作用，国际癌症病友协会研究认为，芦笋对膀胱癌、肺癌、皮肤癌等均有特殊益处。芦笋具有上述低糖、低脂肪、高纤维素和高维生素的特点，和现代营养学提出的保健食品的标准一致。

6．牛奶

牛奶中含有高品质的蛋白质，其生物学价值为85，包含人体所必需的全部氨基酸，是其他食物无法比拟的。牛奶中的蛋白质和碳水化合物的比例很合理，其中的钙很容易被吸收，磷、钾与镁等元素的比例也十分合理。牛奶中所含的碳水化合物——乳糖，能有效促进人体对钙的吸收。

7．鸡蛋

鸡蛋中含有的营养素对人体而言，价值仅次于母乳。鸡蛋几乎含有人体所需的全部营养素，如：蛋白质、脂肪、卵磷脂、卵黄素、维生素，和钙、铁、镁等元素，被誉为"理想的营养库"。每百克鸡蛋含蛋白质14.7克，并与人体的蛋白组成极为相似，吸收率高达98%。

8．鸡胸肉

鸡胸肉的脂肪量与虾、螃蟹等相当，是唯一一种无须担心会摄入过量的动物性脂肪从而对身体有害的肉类。同时，鸡胸肉是蛋白质含量最高的肉类之一，其中的高蛋白、低脂肪很容易被人体吸收。鸡胸肉含有大量不饱和脂肪酸和铁元素，能够降低人体低密度胆固醇的含量，提高新陈代谢。但吃的时候注意去皮。

9．牛肉

牛肉营养价值仅次于兔肉，脂肪和胆固醇含量大大低于猪肉。牛肉中的肌氨酸含量很高，对于增强力量特别有效，肌氨酸是肌肉的能量之源，可以使训练更持久。牛肉富含蛋白质，氨基酸组成比其他肉类更接近人体需要，特别适宜训练后修复肌肉组织。

10. 三文鱼

在所有鱼类中，三文鱼的Omega-3脂肪酸含量最高，每百克约含2.7克，被誉为世界上最健康的鱼类。Omega-3脂肪酸能有效提升高密度脂蛋白胆固醇，降低血脂和低密度脂蛋白胆固醇，还能起到控制体重的作用。食物中理想的维生素E与多元不饱和脂肪酸的黄金比例是大于0.4，而三文鱼的这个比例高达0.73，因此其也享有"水中珍品"的美誉。

三、洗澡

经过长时间的奔跑，肌肉、韧带、软组织的耐受力都已经到了极限，赛后当你坐下去以后，想要再站起来就会变得有点困难。所以在你还能活动自如的时候，尽快地好好洗个热水澡，让自己的身体恢复干净舒适，同时热水澡也能消除一些疲劳感。

洗澡后可以换上压缩裤，压缩装备可以增加肌群活力，加速肌肉内身体代谢物的排出，减少乳酸堆积，促进身体在短时间内得到恢复。因此，很多专业运动员往往会在赛后穿着压缩装备以帮助身体恢复。

在高强度运动后如果长时间不动，很容易发生血流减缓，导致健康风险。时不时走动走动、抬高双腿、穿上压缩装备都是很好的预防措施。尤其是当你之后还需要长时间坐车、坐飞机回家，无法活动放松时，穿着压缩裤赶路也是很多专业运动员的选择。有些压缩装备的品牌有专为赛后恢复设计的系列型号，可以根据自己的需求来选择。

四、好好睡觉，保持身体的精神度

睡眠是最好的休息手段，缺乏睡眠会引起强烈的疲劳感，注意力无法集中，反应能力下降，体内的应激激素含量升高，这将会使锻炼效果大打折扣。跑者需要保证每晚至少7个小时的高质量睡眠。在一次高强度的运动后，经过一晚的睡眠，如果还是感到身体酸痛或肌肉有沉重的感觉，那是身体还没完全恢复的表现。可以再继续彻底休息一天，或者仅做一些拉伸或交叉训练，来帮助肌肉放松，排出多余乳酸。

比赛后一定要进行充分的休息，不经过彻底的休息是无法完全消除疲劳的，这样就很容易导致运动伤害。所以一定要注意身体的保养，倾听身体的声音，不要勉强自己，才能让自己持久地跑下去。

第二节
跑后拉伸

在一次长距离跑步后，肌肉、韧带经历了反复的收缩和舒张，就像金属频繁折弯都会产生疲劳效应而断裂，我们的肌肉韧带也会产生疲劳。高负荷下的肌肉会很容易紧张，紧张的肌肉会产生郁结，甚至抽筋。许多抽筋现象，都是因为肌肉过度使用后的疲劳引起的。一次有效的拉伸，能把紧张的肌肉舒展开来，加大肌肉的延展度，防止肌肉出现结节，从而预防受伤，帮助加快恢复。下面精选了8个跑后必做的拉伸动作。

一、拉伸肩关节肌肉

动作要领：双脚站立，与髋同宽，双膝微弯。将左手越过身体，手肘微弯。并以右手固定于左手肘处，然后将左手臂向身体靠，直到感觉到肩膀的肌肉紧绷。换边，再重复相同动作。

二、拉伸上背部肌肉

动作要领： 手指交扣，掌心向外，将双手抬至胸前高度并伸直手臂，锁住手肘并将肩部向前推出。

三、拉伸阔背肌

动作要领： 站立于一个能支撑体重的支撑物前，双手抓握支撑物并将身体往后倾，曲屈膝部。双腿向地面施力，手臂向后拉。

四、拉伸髂胫束

髂胫束是位于大腿外层下方的结缔组织，此动作可以预防膝盖外部发炎（髂胫束综合征）所造成的疼痛。

动作要领： 身体直立，双脚打开与髋同宽。将一脚跨过另一脚，同时再将对侧的手臂高举过头以维持平衡。换边再重复这个动作。

五、拉伸梨状肌

坐姿的梨状肌伸展比站姿的髂胫束伸展要更进阶。因为此动作需要一定的髋关节柔软度才能正确执行。此伸展动作可以预防发生髂胫束综合征。

动作要领: 双腿伸直,坐在地面上。将一腿屈膝并跨过另一腿,被跨过的腿保持伸直平贴地面。一手撑地使身体稳定,另一手环抱膝盖外侧,然后慢慢加压,直到髂胫束有被拉伸的感觉。

六、拉伸股四头肌

这个拉伸动作可以伸展大腿前侧的股四头肌。因为必须以站姿来进行拉伸,所以也可以加强平衡能力与改善体态。

动作要领: 背对椅子站立。将左脚背置于椅面,保持两侧大腿平行。微微地将髋部向后倾斜,感受左大腿前侧的股四头肌被拉扯。维持此姿势几秒钟,放松,然后换边进行。

七、拉伸内收短肌

这个拉伸动作可以伸展内收短肌。此外，这个动作也较容易执行，并可以随处进行。

动作要领：坐姿，屈膝将两脚掌相对并靠近身体，双手握紧脚掌确保其紧紧相对。将双膝缓慢地向地板靠近，当到达极限时，维持姿势几秒钟，然后恢复到起始位置。

八、拉伸小腿肌肉

在需要快速移动的运动中，紧绷的小腿肌肉会有较高的受伤风险。因此一定要做此伸展，避免小腿肌肉紧绷。

动作要领：将左腿向前跨呈屈膝姿势，并将左膝盖维持在脚的正上方，勿歪向一边。感觉右小腿肌群被拉扯到。换边进行左小腿拉伸。

第三节
泡沫轴自我按摩恢复

　　除了自我拉伸，利用泡沫轴进行跑后的肌肉深层按摩和恢复，可以刺激按摩到普通拉伸无法涉及的肌肉和筋膜。下面精选几个动作，每个动作可以应对一种伤痛。

一、髂胫束综合征

　　表现症状通常为膝盖外侧的疼痛，是跑者中很常见的一种损伤，因为是在膝盖附近，所以很多人会误以为是膝盖受伤，但其实是因为髂胫束在长期的摩擦中产生的炎症。

　　髂胫束是从臀部外侧肌肉开始的结缔组织，向下延伸到大腿外部，连接膝盖外部。由于跑步时膝盖反复弯曲，而髂胫束又在大腿外侧靠近膝盖处，因此很容易就造成髂胫束的反复摩擦，从而产生肌腱的摩擦、发炎与疼痛，引起髂胫束综合征。

　　用泡沫轴滚压髂胫束是缓解病痛的最有效方法之一，基本上滚压一周左右就能大大缓解甚至康复。

动作要领:

①身体侧躺,使大腿外侧压在泡沫轴上,用手臂将上半身撑起,手臂弯曲,手掌置于前方地面做支撑;

②借助手臂与手掌的力量慢慢推动身体,使大腿外侧在泡沫轴上滑过,一直到髋部位置,再推回到原本位置,这样反复至少30秒钟再换方向进行。

每侧各6次,每次持续30秒。注意即使滚压时感到疼痛也要持续,很多人第一次滚,眼泪都会流出来,这个时候一定要坚持。等哪一天你滚的时候不再酸痛了,那就说明髂胫束已经彻底放松了,再被摩擦发炎的概率就大大降低了,膝盖也不会再痛了。

二、大腿肌群

长距离跑步后,大腿肌肉由于反复收缩而非常紧绷,严重时甚至会影响到膝盖的稳定性,为以后的训练埋下隐患。下面的这个动作可以降低大腿前侧肌群与后侧肌群的紧绷感与不平衡性,也能帮助大腿排出堆积的乳酸。

大腿前侧肌群

动作要领：

①俯卧，将泡沫轴置于大腿根部正下方，身体呈直线，双臂和脚趾支撑维持平衡；

②将身体在泡沫轴上移动，直到泡沫轴位于膝盖下方，如此反复30秒。

可以将一只脚叠在另外一只脚上以增加按摩的力道。

大腿后侧肌群

动作要领：

①双脚平行，将泡沫轴置于膝盖后侧，双手向后支撑上半身；

②用双臂推动身体，令泡沫轴在膝盖与臀部之间来回滚动，如此反复30秒。

三、臀部肌群

臀部肌群包括臀大肌与梨状肌，这些肌肉主要负责髋关节与腿部的稳定，跑步后容易呈现过度紧绷的状态。这个动作也能帮助辅助保持臀部形态。

动作要领：

①左侧臀部坐在泡沫轴上，右脚跨在左膝上，双手向后支撑身体，让臀部在泡沫轴上前后滚动30秒；

②左右腿互换，重复动作；

③身体侧向旋转，将重心移至臀部外侧，重复上述动作。

四、小腿肌肉

这个动作可以改善跑步后紧绷的腓肠肌和比目鱼肌，预防跟腱、足跟和足弓的疼痛。

动作要领：

①双脚平行，将脚踝置于泡沫轴上，双手向后支撑身体，并将臀部抬离地面；

②将双腿从脚踝到膝盖部位在泡沫轴上前后移动，反复30秒。

上述这些动作，基本上涵盖了我们跑步时最重要的一些肌肉群。泡沫轴对于放松肌肉中的"关键点"特别有用，你可以每个动作都做一遍，也可以有针对性地哪里有问题就滚压哪里，特别有效。

最后说几个注意点：

（1）每个部位的滚压时间至少为30秒。

（2）滚压到特别酸痛的点，可以在这个地方暂停，直到酸痛感消失，这样就代表此处肌肉已经完全放松。

（3）注意左右两侧都要进行，否则两侧肌肉容易不平衡。

（4）不要直接去滚压骨头，会很痛。

人体结构相当复杂，但又会本能地在复杂之中维持住一种平衡，只要不失衡，身体就能维持正常的运转。反之，一旦失衡，身体的神经系统、免疫系统等调节机制就很容易崩坏，进而影响身体的机能。所有恢复的手段都是为了帮助我们重建受损的肌肉纤维，补充训练过程中耗损的能量，也重新装载心理存量，累积想要再开始跑步的期待感。如此，我们才会在一次又一次的训练中不断提高，耐力更久、速度更快、力量更强、身体素质更棒。

第七章
安全篇

————————

在我组织越野跑比赛的过程中，被问到最多的问题就是"这场越野跑安全吗？这条线路安全吗？"作为一项户外运动来说，风险是一直存在的，即使是我们在城市的公园里、马路上、操场跑道上跑步，都有可能一不小心崴脚。而我们需要学习的是如何面对风险、如何规避风险、如何降低风险产生的概率，这才是积极有效的应对方式。

将风险意识融入平时的训练中，在一次次的训练中了解自己、了解山野，你得知道自己在不同的爬升中需要多长时间、需要多少补给、在极限状态下能够坚持多久……知己知彼，才能百战百胜。

每次参赛前都需要做比赛线路的风险评估，制订适当的应对预案：

（1）通过赛事资料和赛前说明会了解各路段的距离、路况、爬升数据；

（2）通过天气预报了解近期的天气情况、各海拔温度变化、气压变化、风向变化、雨云移动数据；

（3）明确超过一定降水量可能会出现滑坡的危险路段，以及降水时可能出现水位上涨的涉水路段的情况，据此规划备用路线和撤退方案；

（4）了解路线是否可能出现危险的动植物，比如马蜂、山蚂蟥等；

（5）是否考虑在高海拔地区携带氧气瓶。

每场比赛情况不同，以上建议并不能全面覆盖所有的风险控制内容，需要具体赛事具体分析，这是不能省略的环节，花点时间和精力，才能为安全完赛加码。

跑步就像开车，谁也无法保证在路上是百分百安全的，因此给自己买一份保险很重要，既是对自己负责，也是对家人负责。虽然现在的赛事一般都会给参赛者买一份保险，但自己再加几份也未尝不可，可以根据自己的需求来定制。

第一节
跑错迷路

越野跑比赛的场景绝大多数都是在荒郊野外，有些路径与个别转弯处并不显眼。虽然组委会会提前布置路标，但是路标有时候不会全程无缝覆盖，可能会被风吹走、被动物碰掉、被人撞掉、被植物挡住……所以时刻关注自己在什么地方，有没有偏航就非常重要。

在奔跑的过程中时刻留意方向，心中要刻意记一下路过的标志物，比如：路牌、巨大的石头、倒掉的树木。遇到岔路口，一定要停下来观察，核对正确的路线。要学会自己看路标，即使你是跟着别人跑，也要自己核对一遍。一味盲目地跟着别人跑，有可能一起迷路，甚至更容易迷路，不要100%信任前面的人。建议在岔路口用手机拍下路口的相对关系。这些细节都能帮助你在不慎迷路的时候，可以快速找回正确的路径。

如果有机会在赛前踩点，当然是最好的。但很多情况下条件有限，我们需要提前熟悉地图，尽可能做好功课，加深自己对赛道的熟悉程度，至少你要知道重要的地名，要知道赛道的名字。同时下载地图文件到手表，比赛时路标和手表的双重导航能够在大多数情况下避免迷路。

迷路时，首先要做的就是停下脚步，千万不要着急继续前进，这样反而会更加偏离原路线。这时最管用、最保险的方法就是原路返回到可以明确知道是正确路线的那个标志点，比如岔路口、路牌、路标处等。如果有同伴一起迷路，则可以先派一个人作为先锋去寻找正确的路线，留下一人在迷路点，两人的距离保持在大声呼喊也能听得到的范围内，这样万一寻路的人没有找到正确的路，可以及时退回到原点，重新进行商议。这个时候如果有一组对讲机，那自然是更好了。

如果遭遇了更恶劣的情况，原路返回也有困难，我们一定要让自己冷静下来，通过一些户外知识来判断大致的方向，仔细观察路上的痕迹来选择可能的路线，让自己尽快回到赛道上。如果确定自己没有能力找到正确的路线，先检查随身的装备，做好维持生命的计划，然后想办法对外求援。切忌盲目到处乱走，这样做不但会消耗宝贵的体能与物资，还有可能让自己离搜救圈越来越远。救援的黄金时间是72小时，也就是三天两夜，只要能努力求生撑过第一个晚上，那么获救的可能性会大大增加。

第二节
应对失温

　　失温，简单地说就是，体内热量的流失速度大于热量产生的速度，导致大脑、心、肺等维持生命的主要器官温度不断降低，从而产生一系列的寒战、虚脱、意识模糊、心肺功能衰竭等症状，甚至导致死亡。

　　失温的主要原因是环境温度过低，穿着太少，身体热量散失快。同时，身体供能不足，没有得到足够的能量供给产热来维持体温。人体核心区体温过低时，身体中的生物酶活性会降低，体内一系列的供能化学反应难以正常进行，会使人体部分机能丧失，严重则会导致死亡。所以在低温条件下比赛，到了后半程，很容易发生失温现象。

　　一般来说0~10℃最容易失温。另外，还有一个非常重要的因素就是——风。风力每增加一级，体感温度会降低2~5℃。体感温度是指人体所感受到的冷暖程度，和真实温度有关，但会受到气温、风速与相对湿度的综合影响。在刮风的时候，人体的体感温度就会低于真实温度，大风天的体感温度会远远低于真实温度。

失温可分为四个阶段：

级别	程度	体温	表现
一级	轻度失温	33~37℃	颤抖、心率升高、肌肉不协调、蹒跚、排尿增多
二级	中度失温	29~33℃	口齿不清、思维模糊、心律不齐、视觉障碍、瞳孔放大
三级	严重失温	22~29℃	昏迷、低血压、神经反射消失（对疼痛没有反应）、心跳呼吸微弱，可能出现心室纤颤
四级	致命阶段	低于22℃	肌肉僵硬，很少能察觉心跳或呼吸，容易出现心室纤颤甚至死亡

一级失温时，身体开始发冷哆嗦，双手麻木，远端肢体血管收缩，以减少热量散失。当皮肤出现"鸡皮疙瘩"时，是人体开始自我保护的表现，主要是尝试使毛发竖立起来以形成隔热层。此时如果不进行保暖处理，到一级失温后期，显著的特征就是反常的尿多，而且频率很高。如果你发现自己或同伴在冷天开始不断排尿，尤其是女生不断离队避开人群，极有可能是遭遇了失温。

尝试使拇指和小指接触，如果做不到，那就是肌肉停止工作的第一阶段，是一级失温向二级失温发展的表现。

二级失温时，人的行为动作更缓慢、困难，步履蹒跚、方向感错乱。为了保持重要器官的温度，人体自我保护机制会将浅层皮肤血管继续收缩，失温者会出现脸色苍白，唇、耳、手指和脚趾的颜色可能变蓝。有些人会出现反常的脱衣现象，这是因为身体自我调节机制紊乱，原来收缩的血管扩张，导致短暂的"热起来"的错觉。

三级失温时，体温降至大约29℃以下。肌肉的协调能力几乎完全丧失，通常已经不会颤抖，暴露的皮肤变蓝。思维迟缓，说话困难，呼吸明显变慢，可能出现心室纤颤。

四级失温，也就是一旦体温降到22℃以下，失温者将处于半昏迷或昏迷状态，生命陷入垂危，引发肺水肿和心脏衰竭，并最终导致死亡。

一、失温时应对措施

（一）安全转移

失温时应立即转移到遮风挡雨的安全地点，如果持续暴露在寒冷环境中，会加剧失温。

（二）冷面隔离

失温者转移后，注意不要直接躺在地面上，因为冰冷的地面会吸收人体残存的热量。要用防潮垫、隔热垫等各种你能拿到的物品将人体与地面隔绝开来。

（三）干燥处理

如果失温者的内衣物已经浸湿，湿透的内衣中的水分会成为传热导体吸收体温，水分的持续蒸发也会带走身体热量。此时应将失温者身上的湿衣物全部脱下，更换干燥衣物。有条件的可以再裹上厚衣物、毛毯等保温物。

（四）核心区域加温

如果失温者意识模糊，肌肉停止颤抖，说明身体已经失去复温能力，此时单纯的保暖已经无法提升体温。只能对核心区域进行外部加温。此时一定要避免搓手搓脚等对四肢肌肉的按摩动作，因为四肢肌肉中的冷血回流到内脏会带来更多伤害。

正确的做法是对核心区域进行加温，用热水袋、发热贴，对患者脖子、腋窝、腹股沟等位置进行复温。也可以烤火取暖，推荐将环境温度控制在28℃。

（五）补充能量

如没有得到妥善的救治，失温者体内的能量会逐渐消耗殆尽，就像锅炉里面没有燃料可供燃烧来产生热量。因此失温救援的最后一步是为失温者补充高热量、易吸收的流质食物，比如浓糖水、热巧克力等，让失温者逐渐恢复主动产热的能力。

另外，热水只有一级失温的人才能喝。绝对不能给二级失温或以上的失温者喝热水，因为热水会迅速升高体内温度，血液会迅速扩散到四肢，导致严重低血压，甚至导致死亡。

在很多影视作品中，会出现喝酒取暖的做法，这是错误的。酒精不能提供给人体多少能量，反而会让血管扩张、血液循环加快，加速身体热量流失。所以，切勿让失温者喝酒"取暖"。

二、预防失温

（一）保持身体干燥

一定要穿速干内衣，不要穿棉质的内衣，因为棉织物易吸汗不易干，贴在身上很容易引起失温。一般跑者对于衣物的选择关注点多在防风、防水、保暖，往往会忽视大量出汗引起的失温风险。一旦衣服被浸湿，应赶紧换上干衣服。

（二）分层穿衣法

采用本书"装备篇"讲述的分层穿衣法，根据外界环境温度的变化，随时增减衣物，做好防风、防水、保温的措施，不要将身体长时间暴露在低温中。如果赛道在寒冷地区，还要考虑戴上帽子、手套、围脖、防风面罩等适合的保暖装备。

（三）补充能量、防止脱水

在跑步过程中要始终关注自己的能量补给，在行进过程中可以口含糖果、巧克力或者吃饼干，防止体能透支。注意补充水分，防止脱水。如条件允许，在补给点尽量吃热食和喝热饮。

（四）保温毯的使用

在前面"装备篇"中提到过保温毯，它的特点是体积小、重量轻，这个装备建议每次比赛训练都要带上，在关键时刻或许可以保命。保温毯是利用反射红外线的原理来保温，用保温毯裹住身体，可以避免大量流失体温。

正面效果　　　　　　　　　　　　背面系法

利用越野背包加固效果　　　　　将保温毯套进衣服效果，如有必要下摆
　　　　　　　　　　　　　　　也可以塞入裤子

　　这里分享一个由跑友"启明星"提供的保温毯的用法。这是他多年户外运动实践总结出来的实用性方法。可以将抗风性大幅度提升，迎雨跑也基本没有问题。

　　如果遇到了大风，则可以将保温毯全部塞入衣服、裤子中，塞入衣服后只要风不把衣服吹破，保温毯就不会破，可以最大限度保持体温。

第三节
与热相关的病症

如果在运动中体热不能及时散发，与热相关的病症就会悄然而至。人体温度会因为运动量过大或暴露在烈日下而迅速升高。

一、热抽筋

原因：脱水会导致身体电解质失衡。

症状：在腿部及大块肌肉部位出现较为严重的抽筋。

治疗：及时补充含有钠元素的食物和饮料，比如运动饮料、盐丸、榨菜、补液盐，若情况严重需送医注射生理盐水。

预防：不要在高温天一直运动而不补水，及时保持身体水平衡，及时补充带有电解质和钠、钾等矿物质元素的运动饮料。

二、热昏厥

原因：常常因为突然停止跑步而引起，血液从腿部回行到大脑的路径被中断。

症状：晕倒。

治疗：人躺平后，抬高脚部和髋部，让血液能从下半身及时回行到大脑。

预防：跑步训练结束后不要马上坐下或躺下，应再慢跑或者走5分钟，让身体逐渐降温。

三、中暑

原因：脱水导致身体电解质失衡。

症状：体温过高，可能一直高达39℃，同时伴有头痛、疲劳、恶心、冷汗、皮肤湿冷等症状。

治疗：降温，补充足量水分并休息，可用一个冰袋敷在头部/颈部，及时补充含有钠元素的食物和饮料，比如运动饮料、盐丸、榨菜、补液盐，若情况严重需送医注射生理盐水。

预防：不要在高温天一直运动而不补水，及时保持身体水平衡，及时补充带有电解质和钠、钾等矿物质元素的运动饮料，或者运动前就喝点藿香正气水。

四、低钠血症（水中毒）

原因：大量出汗后过量补水从而导致血液中钠含量降低，通常发生在长时间连续跑步时。

症状：头昏头痛，方位感和方向感变差，意识障碍，肌肉抽搐，昏厥。

治疗：需要及时送医治疗，这可能是致命的。

预防：跑步过程中，每小时喝水不要超过800毫升，也可选择用运动饮料来代替纯水。

第四节
应对动物伤害

在户外，遭遇各种动物在所难免，当你在山路中遇到动物时，可以放慢速度，让动物有足够的时间主动离开。不要惊扰那些在跑步路线上筑巢的鸟类，尤其是猛禽。有些小动物看上去很可爱，但请不要喂食，因为人类的食物有可能会威胁这些动物的健康。尽管有些动物会将人类的食物囤积起来在冬季食用，但不少食物往往会发霉，无法食用。还有些小动物和鸟类会对人类的投喂形成依赖，如果后继无人投食，甚至可能会饿死。

在比赛中，如果在野外不幸被动物伤害，应当先简单进行自我处理，再到检查点寻求医生的专业治疗。

一、动物咬伤

动物咬伤会引起细菌感染甚至急性中毒，有条件的话可以在赛前接种破伤风疫苗。另外，动物也有可能携带狂犬病病毒，携带病毒的动物有可能看上去和正常的动物没有区别。因此无论被任何动物咬伤后都要进行检查与治疗。

被动物咬伤，皮肤破损后，细菌会沿着伤口渗入到皮下，用干净的冷水清洗伤口5分钟以上，可以防止感染。

如果咬痕很深并伴有出血，需用纱布垫按压伤口处止血。同时抬高伤口，使其略高于心脏，并用绑带固定好纱布。

二、被蛇咬伤

在山多、树多、草木密集的地区，就有一定概率和蛇类"不期而遇"。被蛇咬伤，尤其是被毒蛇咬伤是非常严重的意外事故。关于被毒蛇和非毒蛇咬伤的鉴别方法可参照下表：

特征	毒蛇咬伤	非毒蛇咬伤
牙痕	有1对或1~4个（见下图）	牙痕数目多，且排列整齐或呈弧形（见下图）
疼痛	疼痛剧烈，且扩散快	疼痛不明显
肿胀	红肿迅速扩大（被神经毒毒蛇咬伤例外）	不明显、不扩大
出血	伤口流血多，伤周有瘀斑或血水、血疱（被神经毒毒蛇咬伤例外）	出血少，无瘀斑，无水疱，无血疱
坏死	局部皮肤可出现瘀斑，肌肉坏死溃烂（被神经毒毒蛇咬伤例外）	除伴感染外，一般无瘀斑、无坏死
全身症状	表现为神经毒毒蛇伤症状或血循毒蛇伤症状，或两者均存	全身症状少

毒蛇咬伤牙痕

非毒蛇咬伤牙痕

（一）被毒蛇咬伤的急救措施

1. 保持静卧，受伤肢体避免活动

被毒蛇咬伤后切勿惊慌、乱跑，应原地休息，保持静卧。蛇毒在体内的扩散，是通过淋巴和血液循环进行的，而血液与淋巴循环的速度，又与肢体的运动密切相关。如果剧烈运动，就会促进毒素在体内的扩散。

所以一旦被蛇咬伤，尽量保持静卧，受伤肢体避免活动，这样才能够减缓血液和淋巴的流动，延缓毒素在体内的扩散。最好能拍下蛇的照片，以便后续辅助医生诊治。

2. 冲洗伤口

立即用清水、泉水、自来水或生理盐水、肥皂水冲洗伤口，避免毒液被继续吸收进入人体。如果现场有条件，可以使用碘伏或者碘酒、酒精，对伤口进行消毒。如果伤口中尚有毒牙存在，应及时拔出。

3. 宽松包扎并固定

应宽松包扎受伤肢体，固定于功能位，并将肢体保持位于心脏水平位置。脱去患者所有的戒指、手表和紧身衣物。

4. 就医求助

及时电话联系附近的志愿者、医护人员，请求医疗支援。如能在3小时内及时使用相应的抗蛇毒血清，效果最好。被蛇咬伤的患者如在4小时内就医进行适当治疗，一般可以保证生命安全，会极大地降低毒液对心肝肾等重大脏器的损害以及对肢体毁损的风险。

（二）被蛇咬伤急救中的误区

1. 用嘴吸出伤口处的毒血

我们经常在影视作品中看到用嘴吸出伤口的毒液的救治行为，但这

种做法其实是非常错误和危险的。因为口腔黏膜并不是一个完整的皮肤，它的通透性非常高。吸伤口的时候，蛇毒可以通过口腔黏膜直接吸收到血液循环里面，让施救者也中毒。目前，国际上大多数循证医学的研究证明，这种方式不仅没有用，还会造成血管的扩张，反而加速毒液的扩散。

2．用刀切开伤口，放出毒血

为了加快排毒，有人可能想用小刀把伤口做一个十字切开，然后进行挤压。其实，给伤口做十字切开这个行为本身，就会刺激伤口的血管，加速毒素快速吸收。另外，真正已经进入到细胞内或者是血管内的毒素，是很难被挤出去的。在往外挤压的同时，压力也会往里传，会加速毒素的蔓延。同时也会导致伤口更加难以愈合。

3．冰敷伤口

有一种说法是对蛇咬的伤口进行冰敷，可以帮助消退红肿，或者延缓毒素吸收。但是从现在大多数的临床循证研究结果来看，没有证据证明冰敷有什么益处。

4．对伤口使用止血带结扎

网上有很多文章建议在处理蛇伤时，在伤口近心脏端用止血带进行结扎。但是大量的临床研究证明，此举不仅不会减轻中毒的症状，反而会造成肢体的缺血坏死。权威的《默沙东诊疗手册》也建议：其他院前干预措施（如用止血带、局部处理、任何形式有创或无创的伤口吸引、冷冻疗法和电休克）未被证明有效，甚至可能有害和耽误治疗。

5．火烧伤口

有文章表示用火烧伤口可以利用高温破坏蛇毒的结构，使毒性降低，这样做也是错误的。因为蛇毒在体内的蔓延很快，可以迅速进入到细胞内和血液中。用火烧这个伤口，火的热度不足以渗入到蛇毒里面把蛇毒破坏。反而会因为火烧，加热了局部，扩张了血管，加快毒素的蔓延。并且实际上很少有人能够耐受到用火将蛇毒伤口全部烧焦破坏。所以，不建议用火烧蛇咬伤的伤口。

（三）野外如何防蛇

（1）最好穿长裤，穿越野跑鞋，忌穿凉鞋。

（2）在草丛中行走时，手持棍棒，边走边打草，起到打草惊蛇的作用。

（3）夜间应使用头灯、手电筒等照明设备。

（4）如果需要在一个地点长时间驻足休息，应将附近的长草、泥洞、石穴清除，撒上蛇粉或者硫黄粉，以防蛇类躲藏。

（5）如果赛道路线上经常有蛇类出没，应随身携带蛇药，以防万一。

（6）一发现有蛇，不要惊慌失措，更不要试图去攻击它。大部分毒蛇只有在感到威胁时才会主动攻击，因此遇到蛇最好的办法就是远远地避开。若不幸被蛇追逐时，应向山坡上跑，或跑"之字形"，切勿直线奔跑或向下坡奔跑。

三、昆虫叮咬

野外森林、草丛中隐藏着大量的昆虫。被昆虫叮咬后，轻者会出现局部皮肤红肿、疼痛、瘙痒、灼热，少数有水疱形成，部分可出现化脓感染，严重者出现全身中毒或过敏症状，如头晕、头痛、气促、胸闷、恶心、呕吐、腹痛、腹泻、乏力、四肢麻木等，甚至出现荨麻疹、喉头水肿、肌肉痉挛、晕厥、嗜睡、昏迷、过敏性休克等，危及生命安全。被昆虫叮咬后，及时处理就显得非常重要。

（一）蚊子叮咬

被蚊子叮咬后的皮肤会很刺痒，有些人还会有疼痛感，这是因为蚊子在叮咬人的时候，一边吸血，一边还会释放出乙酸刺激皮肤组织。被蚊子叮咬后局部皮肤会出现虫咬性皮炎，表现为：红斑、红肿、瘙痒，严重时出现水疱，破溃后形成糜烂，甚至感染化脓。简单而有效的办法是局部涂擦炉甘石洗剂，也可以用花露水、风油精、清凉油、无极膏等。

（二）红火蚁叮咬

红火蚁攻击性很强，被叮咬后会非常痛，出现被火灼烧的感觉，局部皮肤红肿痒痛。可以用肥皂水等碱性水对患处进行清洗，然后局部使用冰水或冰块进行冰敷。外涂丁酸氢化可的松乳膏等皮质类固醇药膏。依据情况，可服用氯雷他定等抗组胺药物，缓解肿胀和痛痒。切忌抓挠伤口、弄破脓包，避免继发感染。如果被叮咬后出现心悸、头晕、胸闷和呼吸困难等严重不适，要立即停止比赛，及时就医。

（三）蜂类蜇伤

常见的蜂类蜇伤主要有蜜蜂和黄蜂（又称马蜂）蜇伤。蜇伤后，首先要确认蜂的种类，其次仔细检查伤口，如发现伤口留有尾刺以及毒腺，用针挑除，不可挤压伤口。蜜蜂的毒液呈酸性，可以使用碱性肥皂水清理伤口；黄蜂的毒液呈碱性，可用食醋洗敷伤口。局部红肿处可用炉甘石洗剂或丁酸氢化可的松乳膏等皮质类固醇药膏。冰敷可以缓解蜇伤后的不适症状。如果被黄蜂蜇伤多处，很容易引起过敏性休克或肾脏损伤，一定要第一时间处理。一旦出现头晕、胸闷、气促、恶心、呕吐、乏力、风团等症状时，也要及时就医。

（四）蜱虫叮咬

蜱虫叮咬后会引起局部皮肤红肿痒痛，有些敏感体质人群还会出现全身过敏症状。被蜱虫叮咬后一定不能直接拔除，这样会使蜱虫的头部留在身体中引起感染。可在蜱虫头部撒些酒精、松节油、液状石蜡或甘油，促使蜱虫放松或者窒息松口。若以上方法均无效，或有蜱虫的口器断在皮肤里，应马上就医手术取出。蜱虫叮咬后如果出现畏寒、发热等不适症状，应告知医生有蜱虫叮咬史，以排除鼠疫、伤寒等传染病。

第五节
处理严重意外的七个步骤

　　越野跑属于户外运动的一种，无论做出什么样的准备和努力，意外可能还是会到来。关于发生严重意外时，应该采用什么样的应对措施，我们或许无法给出一个详细的答案，因为在户外，你所遇到的所有事情都存在不确定性。

　　由美国登山协会编著的《登山圣经》里面提出"处理意外的七个步骤"，用来对意外事件做出整体反应，以七个简单的步骤来介绍在野外处理大部分意外时所应当采取的恰当措施。

　　越野跑与登山运动在组织、执行上还是有所区别，越野跑的参与者更多时候是独立个体前进，登山的参与者一般组队前进。因此在处理意外的时候在具体细节上会有所差异，下文内容主要依据美国登山协会《处理意外的七个步骤》编写，并按照越野跑的特点对某些细节进行了适当的调整，以更加贴合越野跑运动的需求。供读者参考。

处理意外的七个步骤

步骤	采取的行动
1. 掌握情况	调查事故现场，关注所有伤者、目前的危险处境，以及可能再次引发意外的因素。
2. 以安全的方式接近伤者	确保伤者不会受到二次伤害，并选择安全的方式接近伤者。
3. 开始施行紧急救护	在确保不会产生二次伤害的情况下，移动伤者到安全地点，进行初步检查，找出可能致命的伤情，并施以治疗。检查ABCD指标：呼吸通道、呼吸、血液循环、大出血现象。如果必要，施行心肺复苏术。
4. 保护伤者	应对休克的征兆和症状提高警觉。为伤者提供隔离垫、干衣物，进行心理辅导，让伤者安心。
5. 检查有无其他伤处	进行彻底的二次检查，把结果记录下来。
6. 拟定计划	决定后撤伤者的最好方式。
7. 执行计划	在执行计划的过程中持续监控伤者的状况。

步骤一　掌握情况

调查事故现场，关注所有伤者、目前的危险处境，以及可能再次引发意外的因素。询问是否有人能详细描述当时发生了什么事，以及是何时发生的。

如果同时有几个伤者，必须决定急救的顺序，这才能最有效地利用有限的资源，避免做无用功。随着伤者情况的进一步明确，先前确定的急救顺序可能会随之更改。如果是严重意外事故，受伤的人很多，就必须根据轻重缓急来将他们分为几组。

首先应救助那些获得急救后生存机会很大的重伤员；其次是救助那些虽然受伤严重，但状况稳定，可以等一两个小时再予以急救的伤者；然后救助的是那些只需要进行简单的救护，或是只要别人给予一点帮助，就可以自行处理的轻伤人员；最后才是救助那些伤情严重，生还机会渺茫的人员。

决定救助顺序是一件很痛苦的事，但为了充分利用有限的资源，做这个决定是必要的，它也有助于让你及时评估哪些伤者必须送到山外治疗。

步骤二　以安全的方式接近伤者

在抵达受伤人员所在地时，一定要注意安全，避免救助人员受到新的伤害。如果求助地点有雪崩或落石的危险，在进行急救时，应注意观察周遭情况。同时，每个人都必须对潜在的危险提高警觉。

步骤三　开始施行紧急救护

只有在以下两种情况下，才能移动伤者：

（1）伤者现在的位置十分危险。

（2）伤者待在现在的位置上可能受到第二次伤害。

如果不是以上情况之一，就不要立即移动伤者。伤者不一定要平躺才能接受治疗，贸然移动，可能会使伤者更加危险。

如果非得把伤者移出危险地带，动作不仅要快，还要注意安全，不要让伤者的伤情加重。观察伤者的身体，重点查看背部或颈部是否受伤，如果受伤，在采取其他措施之前，先在受伤处提供支撑物加以固定。

对伤者进行初步检查，找出任何可能致命的伤情并立即加以处理。要特别留意伤者的意识情况，一个人的意识清晰度会随着反应能力的渐失而分为四个等级：

（1）敏捷。

（2）对声音刺激有反应。

（3）对疼痛刺激有反应。

（4）没有反应。

接着检查伤者的ABCD指标：

（A）呼吸通道（Airway）：呼吸通道没有阻塞物。

（B）呼吸（Breathing）：可以自主呼吸，且频率正常。

（C）血液循环（Circulation）：血液循环正常，心跳和血压足以让脉搏跳动。

（D）大出血（Deadly Bleeding）：没有足以致命的出血现象。

如果任何一个ABCD指标有问题，采取下列行动：

（1）如果呼吸通道被阻塞，立刻清除阻塞物。

（2）如果没有呼吸，立即进行人工呼吸。

（3）如果没有脉搏，进行心肺复苏术。

（4）如果有大出血现象，就要在出血部位直接加压以减少出血量。

直接加压法通常都能够发挥作用，如果无效，则使用第二个制止大出血的方法——在供血的动脉上施压。只有在直接加压止血法与止血点止血法都无法制止大出血时，才使用止血带止血法。如果在野外实施心肺复苏术（CPR），要考虑伤者的伤势和地形。

如果有以下任何一种情况出现，请勿实施CPR：

（1）伤者是由外伤引起的心搏骤停。

（2）伤者是溺水者，且已浸泡在水中有一个多小时。

（3）伤者心搏骤停时无人察觉，且发病时间不明。

（4）低温症伤者，且胸腔不可按压。

（5）伤者已经出现死亡特征：出现尸僵或尸斑。

（6）有致命伤，身体核心温度（直肠温度）低于16℃。

（7）实施CPR将为救援人员带来危险。

（8）救援人员疲惫不堪。

（9）救援人员身处险地。

（10）伤者已由专业人员护理。

（11）伤者对长时间（约30分钟）的CPR无反应。

按照以下步骤实施体温过低伤者的CPR：

（1）如果伤者没有呼吸，立即进行人工呼吸。

（2）如果心电图（ECG）、多普勒超声检查或者物理检查显示伤者仍有心搏，则不实施CPR。

（3）如果已实施CPR，那么直到把伤者送进医院前都不要停止。

步骤四　保护伤者

应该保护伤者免受环境的伤害（酷暑、严寒、冷雨等），并且尝试通过各种方法维持伤者的身体温度，同时还要尽可能增强伤者的信心。

如步骤三所言，除非移动伤者是为了避免伤者受到进一步的伤害，否则不要移动。在移动伤者时，要注意伤者的脊椎骨。

除了维持正常的呼吸与血液循环，并止住出血外，步骤四的另一个重要目的是预防或降低休克出现的可能性。休克是指身体重要的功能同时丧失，包括血压在内，最后会导致血液循环失常。休克现象是渐进的，但有致命的危险。如下列出了休克的症状。

伤者自己感受到的休克症状：
恶心、口渴、虚弱、出汗。

旁观者能够看到的休克症状：

脉搏快但虚弱、呼吸急促浅短、皮肤冷而湿黏、恐惧和焦躁不安、呼吸短促、嘴唇及指甲泛蓝、脸色苍白、眼神呆滞、瞳孔放大。

为了防止伤者休克，应该这样做：让伤者躺在隔离垫上，把湿衣服脱掉，换上干衣物，避免体热流失；减轻伤者的疼痛；让伤者安心，把他的注意力转移到其他方面；如果伤者可以吞咽，让他吃一些流质食物。在伤者接受医护之后，仍然要密切观察，因为休克不会立即发生。

当伤者的反应能力渐差时，可能就是休克的征兆。此时，对伤者提供心理支持非常重要。应该留意其是否做出不理性的行为，或是流露出失望、茫然的神情。如果有这样的情况出现，当你与他们说话时，不但要称呼他们的名字，还要把自己的名字告诉他们。此外，应该适度让伤者了解目前的状况以及救援计划的执行进度。把伤者蒙在鼓里的做法是无法让他安心的，那些诸如"一切都会好起来"之类的空泛言语只会让人更不安。要特别注意的是，当你在医护现场忙来转去时，绝对不可当伤者是块木头而从他们身上跨过去。

步骤五　检查有无其他伤处

从头到脚进行系统性的二次检查，让所有的伤情无所遁形。在二次检查时，可能会发现一些不那么严重的伤痕，但这些问题如果不加以治疗，则有可能变得很严重。二次检查应该由一个人来做，因为在伤者身上七手八脚，不但会使检查的结果不清晰，还会加重伤者的心理焦虑。为了检查得更彻底，脱下伤者的衣服是有必要的，但在检查过后应及时盖上衣物。在这次检查中，你可能会发现以下的受伤线索：

（1）在和身体另一个部位相比较时发现变形（例如一只手臂看起来跟

另一只不一样）、变色或有瘀痕。

（2）流血或流出其他液体，肿胀。

（3）动作范围有限。

（4）伤者特别护着某个身体部位。

所有的检查结果都必须详细记录下来。当伤者必须送医救治或由他人接手救护时，这份记录可以提供详细的资讯。

步骤六　拟定计划

通常有三个计划需要拟定：

（1）进一步急救伤者的计划。

（2）转移伤者的计划。

（3）为其他人员拟定计划。

到目前为止，前述步骤大致已包含了紧急救治与彻底的伤情评估。此外，伤者也许还需要进一步急救，例如需要固定断肢。

接下来，应决定是否有能力后撤伤者，还是需要外援。无法走动的伤者大多都需要外界援助才能后撤。移动伤者需要适当的装备与多人的协助，而越野跑参赛者多半不具备这种能力。如果有任何头部、颈部或背部严重受伤的迹象，千万不可自行后撤。除了伤者的状况外，决定是否自行后撤的因素还包括地形、天气、体能等。若寻求外援是较好的选择，则应考虑在野外等候的可行性。

最后，要为其他人员拟定计划。如果决定自行后撤，则需要组织人员并进行分工。若决定寻求外援，则需要计划如何寻求外援，同时还应照顾留在原地的所有人员。

步骤七　执行计划

　　若需要留在原地等候救援队，需要花些时间进行准备寻找露营地点、寻找水源、扎营或挖建庇护所。无论做任何准备，首先应满足伤者的需求。在寻求救援时，携带一份详细的意外报告表，其中对于伤者的现状、其他队员的状况以及所处的位置都要有详细的记录。这部分的重点是应持续监控伤者的状况，以及监控计划的执行进度。

第八章
损 伤 篇

常见的运动伤害成因

运动伤害的紧急处理原则

外伤

常见运动损伤

其他身体机能问题

第一节
常见的运动伤害成因

运动和伤害就像是一对双胞胎，只要运动了，就难免会经历一定程度的损伤，小至轻微拉伤扭伤，大至脱臼或骨折等严重情况。运动伤害足以导致身体机能在一段时间内受损，伤害通常发生在肌肉骨骼系统中，常常会导致疼痛、肿胀、压痛，患处无法负重。

运动伤害可分为两种：

第一种是冲击或创伤导致的急性运动伤害，包括：骨折、肌肉肌腱拉伤、韧带扭伤、各种瘀伤擦伤，常见于接触型运动中，例如足球、橄榄球等；

第二种是长期磨损消耗导致的慢性运动伤害，包括：肌腱炎、滑囊炎、压力性骨折，常见于耐力型运动和重复单一动作的运动中，例如长跑、举重、体操等。

运动伤害的成因有很多，运用错误技巧、选择不合适的运动鞋，都有可能导致运动伤害的发生。《英国医学协会运动损伤指南》(*The BMA*

Guide to Sport Injuries）总结了常见的运动伤害的成因，如下：

- 没有热身，肌肉无法及时反应，导致拉伤。

- 技巧错误，尤其是反复进行错误动作导致身体组织过度负荷。

- 过度训练，在身体上长期施加压力导致慢性伤害。

- 过度负荷，身体受力超过身体组织所能承受的极限。

- 反复受伤，削弱身体防御力，更容易遭受到其他伤害。

- 体质因素，先天性关节形态或结构异常。

- 违反操作规范或比赛规则，增加发生意外的风险。

- 肌肉强度不足或不平衡，让身体的力量减弱，无法承担保护功能。

- 意外的突发事件，造成冲击或碰撞。

- 缺乏柔韧性，降低关节活动度，使身体功能产生局限。

- 不合适的装备，身体无法获得足够的保护。

- 关节松弛，使肢体较难控制或稳定。

因此在开始一项新的运动时，首先应对自己做一个健康状况的评估，并咨询专业人士根据自己目前的身体状况来规划合适的运动强度、运动持续时间与运动频次。规划一个适合自己并能使自己表现达到极致的训练方案。每种运动都有不同的体能要求，例如，长跑需要肌肉及心肺功能的耐力；举重需要高强度的力量……因此，各种运动的训练方式不同，也塑造了运动员们不同的体态。学习每种训练的正确技巧，同时要循序渐进地来增强自己的肌肉力量与肌耐力，来降低伤害发生的概率。

第二节
运动伤害的紧急处理原则

　　国际上标准的紧急处理原则称为"RICE"："R"表示休息（Rest）、"I"表示冰敷（Ice）、"C"表示加压（Compression）、"E"表示抬高（Elevation），是由四个步骤的首个英文字母所组成。

　　具体操作如下：

　　休息（Rest）：一旦受伤，不管怎么样，总之先要停止运动，保持静止不动。但是也不是说一直躺着不动。比如是脚部受伤，那么在疼痛减缓之后，可以进行一些上半身的运动，或是不会对双脚形成负担的肌肉训练就没有什么问题。不过若是受伤情况严重，例如膝盖感到剧痛，就一定要将患处牢牢固定，好好休息静养。

　　冰敷（Ice）：冰敷的目的就是为了冷却患处，光用湿毛巾是达不到效果的。进行冰敷时建议使用冰袋、保冷袋为佳。当需要冰敷的时候，往往手边一下子找不到称手的东西，其实可以尝试在冰箱的冷冻室放几袋豆子（如豌豆、绿豆、黄豆、红豆），需要时直接拿出来外包一块薄毛巾就可以在伤处开始冰敷。一般冰敷10~15分钟左右，让疼痛的部位冷却下来，即可暂停，免得皮肤冻伤，隔段时间后，再继续下一次冰敷。在受伤后的1~3天，一般每隔2个小时进行一次冰敷即可，每次冰敷的时长视受伤程度而定。

加压（Compression）：加压的意思就如字面上一样，在发生疼痛的部位施加适度的压力。力度要适中，加压得太重，会造成血液循环障碍，受压迫处的肤色会显得暗沉，这个时候就要减轻压力了。我们通常采取的包扎手段其实就是加压。

抬高（Elevation）：抬高的意思，是尽量让受伤的部位的水平位置高过心脏。若是脚受伤的话，就先在椅子上坐好，前方放置另外一把椅子，把受伤的脚放上去。躺在床上时，在脚下放个枕头略微垫高就可以了。在跑步中跌倒受伤时，要立即停止运动，防止患部继续受刺激而肿胀。然后冰敷疼痛部位使其冷却，能够有效解除肿胀刺痛的情况。静养时将患部置于略高的位置，有必要的话可以进行适当加压包扎，就能有效抑制肿胀。用毛巾包好装有冰水或冰块的塑料袋来压迫患部，就是相当有效的紧急处置方式。

然而，并不是所有的伤痛都是我们自己能够处理的，如果有下列情况，那就必须要到医院检查了：
- 患部随着疼痛开始变色。
- 患部随着疼痛肿胀得非常严重。
- 痛到影响日常生活。
- 疼痛持续好几个星期。
- 除了跑步之外，感到疼痛的患处曾受过伤，即陈旧伤。
- 虽不在上述范围，但对伤痛没有把握，感到担心。

"RICE"是国际公认的伤害紧急处理原则，这套方法可以保证人们在运动损伤的紧急期，在医生未到来之前，可以尽量先减轻、缓解伤痛，促进后续治疗，非常值得大家学习一下，有备无患。

第三节
外　伤

一、水泡

　　跑得多了，脚上难免出现水泡。水泡可能出现在脚的任何位置，它带给人的痛感往往差别很大，有时一个大水泡可能毫无痛感，但有时候一个小水泡就会让人受不了，那些红色的血泡往往因为创面更深而更痛。但是在锻炼或比赛中，这种痛感往往会减弱，直到运动结束后才会产生痛感。

　　水泡是由于皮肤剧烈摩擦令表皮层发生分离，液体渗入到表皮与皮下组织之间而产生的创伤。血泡的形成是由于连接受创表皮的毛细血管同时受到损伤，毛细血管爆裂，血液渗入分离的皮肤层。

　　每个人都有可能在长距离的跑步中起水泡。炎热、摩擦和潮湿是形成水泡的主要原因。如长期处于上述情况或在其中一个情况下受到极端影响，都会令我们在锻炼中产生一个或多个水泡。不过随着运动量的增多，在某些受力和摩擦较多的部位，皮肤也会逐渐适应而变得更强韧。

　　出现水泡（不是血泡）时，最好将里面的液体尽早排出。不要去挤破水泡，要尽可能地保留表层皮肤，让它去保护更深层的肌肤。用已消毒的小剪刀、较粗的针在水泡靠近边缘的部位切开一个稍大的孔，以排出液体。如果在比赛中就想处理的话，可以用别号码布的别针。也可以在补给站寻求帮助，补给站一般都会有酒精和针。

刺破水泡的时候，只需用针头刺破表皮即可，千万不要拉扯这一块的皮肤，尽量保持水泡皮肤完整。如何找到刺破点呢？我们一般选择奔跑时受压力自然流出水的位置（通常情况是压迫点对面的底端部分）。一旦刺破了，轻轻按压一下水泡，把水泡里的水挤出来即可，然后再穿上袜子，也可以贴上创可贴。赛后，尽量让皮肤保持干燥，让其自行脱落，以形成老茧，使皮肤增加韧性，以后就不再容易起水泡。

血泡的处理稍微麻烦些，用未消毒的别针刺破血泡存在感染的风险，所以如果水泡中有血，就不建议刺破了，以免细菌进入血液循环系统造成感染。血泡需要多保护几天，让其自然平复吸收。然后按照处理水泡的方法切开皮肤排液，血管会挡住并修复阻断细菌进入血液的通道。但是进一步受伤的风险依然存在，建议进行外部保护。

一旦水泡做了排液处理，运动时需注意盖住水泡进行保护，以免二次创伤。创可贴是非常好的选择，注意要选择能完全盖住水泡的创可贴，最好再涂上一些抗菌药膏，有助于快速痊愈。

为了避免以后脚上再出现水泡，请关注以下四点：
• 确保鞋子合脚。
• 在可能出现水泡的部位涂抹润滑膏，如凡士林。
• 在你担心出水泡的地方，贴上胶带。
• 在鞋里、袜子上使用护足粉减少摩擦。

如果涉水时或者出太多汗弄湿了袜子，可以考虑换一双袜子，甚至换一双鞋子。鞋子进了砂石泥块的话要尽快停下来将异物倒出。小的沙砾或者石块摩擦皮肤，容易导致皮肤出现小伤口。在有大量碎石、砂石或者白雪覆盖的路面可以穿上防沙鞋套。

二、黑指甲

常进行脚部运动的人经常会遇到黑指甲的问题，由于受到鞋子压迫，反复的加压和冲击会导致指甲下方内出血，当血液凝固后，看上去就像脚指甲变黑了，指甲也可能会脱落。严重时甚至可能因为血液的累积而出现指甲外翻的情况。

此时应当立即用创可贴包住指甲与受伤点，并且随时保持患部清洁。不过不要担心，如果不痛就不会有什么问题，一般会自然痊愈，当受伤的指甲脱落后，会长出新的指甲。如果你自认为有必要，可以剪掉这些黑指甲，不过要小心别剪到肉。如果感到疼痛，可以去医院让医生帮你处理。

黑指甲形成的原因主要有：
- 鞋子太紧，脚趾直接受到鞋面压迫。
- 鞋子太大，跑步时脚在鞋子里面产生滑动撞击。
- 指甲长度有问题。
- 指骨形状异常。

如果是鞋子尺寸的问题，那需要尽快做调整，再次确认下跑鞋尺码。由于你的脚在跑步过程中会慢慢肿胀，所以跑鞋的尺码比平时穿的鞋子大0.5~1码会更舒适。另外，鞋带不能系得太松，避免脚在鞋子里面滑动，可以穿有止滑功能的袜子、五趾袜等。

指甲不要剪得太短，否则容易造成指甲侧边在生长的过程中嵌进皮肤里的情况，形成"指甲倒插"的问题，情况严重时，还有可能发炎化脓，形成甲沟炎。剪指甲时，外端要稍稍突出脚趾才算是刚刚好的程度。但是如果指甲的边缘很锐利，难免会刮伤旁边的脚趾，或者刮破袜子，所以剪完指甲后，记得用小锉刀打磨一下，不要出现锐角。

在比赛中，如果你的指甲不幸松动了，可以在补给站拔掉。然后给这些裸露的脚趾头裹上胶带，这样就不会被袜子进一步磨伤。

三、日晒伤

日晒伤是皮肤经受短暂性（急性）的紫外线暴露所引起的一种急性损伤性皮肤反应。日晒伤会引起皮肤的疼痛性发红。严重的日晒伤还会使皮肤肿胀并产生水泡。暴晒后1小时即有可能出现症状并会在3天内达到高峰（通常在12~24小时之间）。有些严重晒伤，患者还会出现发热、发冷及无力的症状，在罕见情况下，甚至还可能进入休克（表现为血压极低、晕厥和深度虚弱）。

事先调查赛道的日照强度，提前带上SPF ≥ 30的防晒霜、UPF防晒衣和防紫外线太阳镜是抵御阳光的最佳选择。一般认为：每增加300米的海拔高度，紫外线强度会增加8% ~ 10%。对跑者来说，需要注意避免晒伤。即使在冬天，紫外线也会很强烈，保护也一样很重要。在积雪的区域，光线会通过白雪反射并灼伤眼睛，所以要记得戴上墨镜，冬天的防护甚至比夏天还要重要。

如果发现自己被紫外线烧伤，可在数小时内将芦荟膏或黄瓜汁涂在被晒伤的皮肤上，让汁液自然吸收。有红肿、浓液渗出时，用冰硼酸或冰牛奶湿敷，每天3次，每次30分钟。仅有红斑时，可选用复方炉甘石氧化锌搽剂外擦。如果产生剧烈疼痛，需选用止痛药，如布洛芬缓释胶囊、吲哚美辛、戴芬胶囊。

四、擦伤

擦伤的主要原因是皮肤之间或皮肤和衣物之间反复摩擦所致。在奔跑过程中，皮肤表面的汗液形成盐结晶后，会加剧这种擦伤。

擦伤是越野跑中非常常见的外伤，几乎发生在每个人身上的任何部位。其中以男性跑者在跑步过程中遇到的乳头会一直和衣服摩擦的问题最为常见，时间长了就会磨破发痛，甚至流血。不过这个小麻烦还是比较好解决的：

• 可以穿一件打底的紧身衣，没有摩擦就不会有损伤。

• 在乳头上贴一个创可贴，或者专用乳贴。有些跑友说，时间一长创可贴会贴不住掉下来，你可以买防水的创可贴，相对来说黏性更强。现在，有些比赛也会在装备包里放上创可贴或乳贴。

• 在乳头部位涂上凡士林，可以稍微涂得多一点，目的是增加润滑，这样就不会轻易被磨破了。但是如果跑步时间很长，在后期当凡士林损耗干净之后，还是会产生摩擦。

• 尝试换一件运动服，有些人会发现换个版型可能就不会磨到了。

类似磨乳头的问题有很多，比如内裤边缘磨大腿、脚掌或脚趾磨起泡、衣服袖口磨手臂出血等问题，另外还有大腿、腋下和其他一些难以言说的地方，都有可能在长距离、长时间的跑步中产生摩擦。所以，有经验的跑者在比赛中都是使用已经磨合好确认不会发生问题的装备。建议大家无论参加什么比赛都不要穿新的装备，因为你不知道在什么时候会发生什么问题，有时候一个小小的细节问题就会让你痛苦不堪。

　　对于常在大腿和下半身身体部位发生擦伤的跑者来说，穿一条紧身裤可以避免绝大部分擦伤情况。对于那些长时间背着水袋包的人来说，在肩膀或脖子侧面贴上胶带也可以最大限度地减少背带与皮肤摩擦。

第四节
常见运动损伤

一、髂胫束综合征

膝盖外侧的疼痛一般可以判断为髂胫束综合征（Iliotibial Band Syndrome，简称ITBS），这也是跑步过程中常见的一种运动损伤。是由于髂胫束在大腿外侧靠近膝盖处反复摩擦或膝盖反复弯曲，造成髂胫束的过度使用，产生肌腱的摩擦、发炎与疼痛。

疼痛位于膝盖外侧，所以膝盖弯曲或伸直时会感到疼痛，有时疼痛感会一直延伸到腿部的较低处。如果疼痛继续发展下去，会影响膝盖的弯曲。一般情况下，如果按压此区域时不会出现疼痛，那么日常活动中也不会感到疼痛，只是会在锻炼中开始逐渐感到疼痛。如果情况严重，则在锻炼初期就会感到疼痛。由于髂胫束综合征和一般的膝盖损伤痛感部位接近，所以很容易被误认为是膝盖损伤。判断的方法是屈膝，如果屈膝后感到膝盖外侧开始疼痛，就很有可能是髂胫束综合征了。

髂胫束是从臀部外侧肌肉开始的结缔组织，向下延伸到大腿外部，连接膝盖外部。髂胫束的功能包括伸展膝关节，侧向移动髋关节，以及跑步时稳定腿部。髂胫束综合征的成因主要有以下几点：

• 过度训练。跑步距离过长或速度过快，造成髂胫束被过度使用；

• 肌肉不平衡。比如长期在不平整的路面跑步，经常在操场上总是沿同一个方向跑，或是在斜坡上跑步；

• 不正确的跑步姿势，会造成腿部反复内翻。髂胫束反复与股骨头之间产生摩擦，这将导致炎症。

　　一旦怀疑有髂胫束综合征，应该停止会造成或加重疼痛的任何运动。按摩膝盖以上的髂胫束是有效的。效果最好的是滚泡沫轴，帮助髂胫束放松，很适合跑者，可以有效预防或治疗易发的髂胫束综合征。本人曾在一次比赛前感到疼痛，在滚了一周泡沫轴后，正常参加了全马比赛没有复发。所以建议在跑步前、跑步后、睡觉前都可以滚一下，每天每侧各6次，每次持续30秒，注意即使滚压时感到疼痛也要坚持。（注：具体的泡沫轴按摩髂胫束方式可参考第六章第三节"泡沫轴自我按摩恢复"部分的对应内容）

　　髂胫束一旦出现疼痛就应停止训练。不要带伤勉强运动，因为疼痛增加，说明损伤也在增加。髂胫束受伤一般不会造成永久性损伤，经休息与药物治疗应该可以使症状缓解，大多数人会在8周内痊愈。

　　当你觉得已经痊愈，可以尝试快走或慢跑，如果持续15~20分钟就感到疼痛的话，应立即停止；如果持续20分钟也无恙，那就等第二天再观察是否还会有痛感。如果有，则需要再康复1~2天，然后试着快走或慢跑10分钟；如果没有痛感，则下一次可以增加5分钟，按照这个节奏继续下去，如果再次受伤就重复上述过程。如果你尝试了所有自我康复的疗法都无效，那么就要去医院就诊了。即使痊愈了，也是建议隔天跑步，同时要避免任何会引起症状恶化的动作。

二、髌股关节疼痛综合征

髌股关节疼痛综合征（Patellofemoral Pain Syndrome，简称PFPS）又被称为膝前侧疼痛，是因为髌骨在股骨上滑动造成的膝盖前方的疼痛。髌股关节疼痛综合征是最常见的跑步损伤，据统计有超过25%的跑者都经历过这种疼痛。造成髌股关节疼痛综合征的主要原因是由于肌肉力量不平衡、肌腱太紧或髌骨在股骨上不正常地移动所引起的。频繁的膝关节活动会导致病情恶化，因此这种疾病是跑者中的高发病症。

疼痛位置位于膝盖前、后和髌骨周围，当膝盖受力时，比如上下楼梯、下坡跑、跑量增加、力量训练中增加太多重量等情况下，都会引发疼痛。另外膝关节的弯曲动作也会引发疼痛，比如深蹲、跳跃、落地位置错位等。疼痛会表现出各种形式，可能是隐隐作痛，也可能是剧痛，严重时可能会影响行动。

髌股关节疼痛综合征的发生和部位过度负荷有关，这意味着疼痛会随着时间的增加而加重。在日常训练中，膝盖骨和股骨中间的软骨受到刺激，软骨就会变得更厚、更强壮。但如果这种刺激不是循序渐进的，突然增加的过度负荷就会导致软骨表面出现关节炎，容易造成永久性的疼痛。如果令膝盖发炎，膝盖内部的液体就会因为发炎而改变，或让软骨表面受损，此时就会听到膝关节在活动时发出的异响。

一旦怀疑有髌股关节疼痛综合征，应停止训练计划，让膝盖彻底休息，以"RICE原则"进行处理。可以吃一点消炎药，比如布洛芬或萘普生，来帮助缓解疼痛和肿胀。如果自行治疗两周后仍无改善，则应该去医院就医。因为髌股关节疼痛综合征会随着时间的推移而加重，早些去看医生，可以了解目前的损伤程度，并且确定什么样的治疗方法才是有效的。

最有效的预防方法就是强化股四头肌和臀大肌。强壮的股四头肌会承担膝盖处的负荷，减少膝关节的压力。强壮的臀大肌可以提供更好的稳定性，帮助你在跑步时的动作更流畅稳定，从而带走一部分膝关节处的压力。

有些髌股关节疼痛综合征是由于膝关节过度内旋引起的，因为过度内旋会在膝盖处累积更多的压力。如果你落地时膝盖过度内旋，应尽量穿着支撑稳定型的跑鞋，有些功能性鞋垫也有助于矫正过度内旋。

平时尽量在更柔软的路面奔跑，以缓解冲击力。各种路面对脚反作用力的伤害大小如下：水泥路面＞沥青路面＞塑胶跑道＞土路＞草地。水泥路面是最硬的路面，腿部关节所受到的冲击力最大，会增加受伤概率，应尽量避免长时间在水泥地上跑步。

三、髌腱炎

髌腱炎也称为"跳跃者膝"，在篮球运动员和其他一些需要大量跳跃的运动员中较为常见。跑者若是在越野跑中跑了大量的下坡路段也容易得这种疾病。跑步时如果在膝盖骨以下、胫骨顶端出现尖锐的刺痛，则可能患上了髌腱炎。症状是甚至在日常生活中上下楼、下蹲、从站到坐都可能产生疼痛。

髌腱连接着股四头肌和胫骨，跑步时膝盖承受着大量的压力，髌骨负担的压力会导致肌腱发炎。此外，体重过大、双腿不等长、下肢肌肉力量不平衡或是足弓较高都可能在运动过程中因扭伤导致髌腱炎的产生。

产生髌腱炎时，应立即停止跑步，在伤痛处冰敷15分钟，每天4~6次。如果超过3周症状没有改善，则需要就医。

平时可以拉伸股四头肌和腘绳肌，帮助这些肌肉保持柔韧性，缓解紧绷感。因为当这些肌肉紧张时，额外的压力就会附加在肌腱上。对于预防这种疾病，并不是休息放松就好，通过运动提高肌肉力量和肌腱的耐受力才是预防的关键，比如离心肌肉训练：一又二分之一深蹲（完成一次全幅深蹲后，再来一个半程深蹲）、单腿硬拉等，都能预防髌腱炎的发生。

四、大腿后肌群损伤

股四头肌和腘绳肌是身体的两大肌群，腘绳肌位于大腿后侧，股四头肌位于大腿前侧，它们可以让跑者具备更强的推进力和稳定性，对于跑者而言有着很重要的作用。但是很多跑者的股四头肌比腘绳肌强大得多，因此位于大腿后侧的腘绳肌更容易受伤。

腘绳肌位于膝盖和臀部中间，它使膝盖弯曲，并且在向前推进的时候扩展臀部肌肉。当你把腿往前迈的时候，腘绳肌会伸长。当脚触碰到地面时，腘绳肌承载了来自地面的反作用力以及推动身体向前时施加在腿上的负荷。如果腘绳肌薄弱或者处于疲劳状态，就可能扭伤或拉伤。

大多数腘绳肌损伤是轻微的，比较容易治愈的。如果你在跑步中感到大腿后侧疼痛，迫使你不得不放慢配速，或是用手按压痛处，感到痛感加剧，都是腘绳肌损伤的症状。腘绳肌受伤时的疼痛感可能比较轻微，也有可能很剧烈，这取决于受伤程度，有些甚至会出现瘀青或肿胀。如果近端腘绳肌拉伤，则臀部也会感到疼痛。

拉伤后，应尽快冰敷受伤部位15分钟，在接下来的两天里，每天冰敷4~6次，每次15分钟，暂停跑步。如果不是严重的损伤，可以用游泳和骑行来做动态的休息。轻微拉伤需要2~3周的康复期，中度拉伤则需要6~8周，如果是严重的腘绳肌撕裂或断裂则需要手术修复，术后可能需要4~6个月才能完全恢复。

要想预防腿后肌群损伤，在平时需要做针对性的加强腘绳肌的力量训练。比如抬臀、反向抬臀、弓箭步、平板支撑等。间歇训练、山坡跑以及跑楼梯也是很好的锻炼腘绳肌的方式。另外可以每天使用泡沫轴滚压放松腘绳肌、臀大肌，以此防止肌肉太紧。

五、足底筋膜炎

人的脚底有一片起于跟骨结节，贯穿足底，分为五小束沿着脚趾底部向前延伸，止于趾骨近端的纤维组织，称为足底筋膜。

当你把脚趾向上弯曲，就能感到足底筋膜的中央腱束带拉紧。足底筋膜的作用是支撑足弓，如果没有它，脚在接触地面的时候就无法保持稳定，会导致其他关节负荷过大。当进行大量跑步及跳跃的时候，尤其是在较硬的地面进行运动，足底会承受反复施加的冲击力，令脚趾关节弯曲、受力集中于足底筋膜的后端而导致发炎，从而感到脚底疼痛。足底筋膜炎一般是由于逐渐累积的病症而最终导致的。跑步时穿缓震性能差的鞋或旧鞋、长期穿薄底鞋也是其中的一个原因。任何脚型都有可能发病，但平足的发病率并不高于其他脚型。

一般由足底筋膜炎引起的疼痛会在早晨起床踏出第一步的时候痛感最强，在跑步或快走的时候，热身几分钟后疼痛就会缓解，但稍后又会再复发。休息的时候疼痛感会减弱，但恢复训练时又会像之前一样痛。如果不及时治疗，炎症会越来越恶化，导致走路疼痛，甚至会导致跛行，连带使膝盖、髋部与下背部都出现问题。由于足底筋膜是纤维结缔组织，没有大量的血液供给，所以自我康复能力较差。

一旦怀疑有足底筋膜炎，应该立即停止活动，休息直到疼痛缓解。在受伤初期，注意不要自行伸展足弓。可以采取冰敷缓解疼痛，每天冰敷疼痛位置15~20分钟，也可以用冰块进行按摩。

使用高尔夫球来按摩足底是一个自我治疗足底筋膜炎的好方法。将一个高尔夫球放置于足弓下方，顺着足底前后移动。刚开始的时候轻轻地按摩，逐渐增加踩上去的力度，借此增加按摩效果，注意将力度控制在可以忍受的范围内。

一般情况下，足底筋膜炎通过自我治疗几个月内可以痊愈，但严重的情况常常要持续一年才能让疼痛彻底消失。在康复过程中，经过必要的热身和拉伸活动后，可以适当进行不会导致剧烈疼痛的快走或慢跑（可能会感到有一点微痛，但是在可接受范围内的痛感）。但要注意避免速度训练和上坡跑。如果疼痛在慢慢消失，那么就说明情况在慢慢好转。但如果疼痛在一年内都没有减弱，就需要考虑更进一步的治疗手段了。

六、跟腱炎

通常这种疼痛发生在脚后跟的背部，有时候连带足跟下面也会感到疼痛。有些情况下，疼痛会从脚后跟的两侧散发开来。跟腱炎的痛感多种多样，有剧痛、刺痛或隐隐作痛。疼痛常见于早晨起床后的头几步，快走或慢跑的前几分钟，随后痛感会在运动中慢慢消失。

人的脚跟骨和小腿后方肌群间有一条带状肌腱纤维，称为跟腱，它是人体最大的一条肌腱，它还有一个很洋气的名字叫阿喀琉斯腱。希腊神话中有一位伟大的英雄叫阿喀琉斯（Achilles），他有着刀枪不入的身体，在特洛伊之战中战无不胜。但就在攻占特洛伊城时，太阳神阿波罗一箭射中了阿喀琉斯的脚后跟，这是他全身唯一的弱点。因为在阿喀琉斯还是婴儿的时候，他的母亲海洋女神特提斯捏着他的右脚后跟，把他浸在斯提克斯河中，被河水浸过的身体变得刀枪不入，但是那个被母亲捏着的脚后跟由于浸不到水，成了阿喀琉斯唯一的弱点。阿喀琉斯这个致命的部位后来就被称为"阿喀琉斯腱"（Achilles tendon）。

跟腱是小腿肌肉的延伸，止于足跟后上方。跟腱炎是因为反复承受过度的压力所引发的疲劳性损伤，跑步与跳跃运动中常见此类损伤，如足球、篮球、排球。跟腱受到过度的刺激，包裹足跟的跟腱就会受到磨损。穿着不合适的鞋子、突然加大训练量、缺乏有效热身也都是引起跟腱炎的原因。有些情况下稍一活动就会引起疼痛，使伤者无法进行运动；有些情况下即使休息不动都会感到疼痛，连带小腿也有可能会感到僵硬。

一旦怀疑有跟腱炎，应该马上停止运动。虽然刚开始疼痛较轻，很容易忍受，但是带着这种伤痛继续跑步往往会令伤势恶化，从而大大延长原本所需的恢复时间。在急性疼痛期伸展跟腱很有可能会令情况进一步恶化。长期带痛训练可能会引发肌腱退化，造成较为严重的撕裂伤，甚至诱发跟腱断裂。

冰敷对于跟腱炎效果显著，可以用冰袋每天在患处不停按摩15分钟。一般康复过程需要数周时间。痊愈并开始运动后，要注意选择合适的鞋子。加强对小腿肌肉的锻炼，跑步前注意热身，跑后注意冷身，这些都是老生常谈的注意事项，每一个跑者都要切实做好。只有我们的肌肉强健了，韧带有良好的柔韧性，才能对抗各种伤病。无论训练还是比赛，都要按照自己的能力来，不要超量，也不要超速，运动量超过自己的能力范围，会引发几乎所有的伤病。像跟腱炎这种伤病就是急慢性劳损后形成的无菌性炎症，所以还是要量力而行。

七、胫前疼痛

这种疼痛感经常会出现在小腿的前方，会有钝痛，特别在运动时会加剧，也有可能出现肿胀的情况。有时仅在运动后出现轻微的疼痛；有时在运动开始的时候疼痛，随着运动的进行痛感会缓解，但运动结束后再次出现。运动中如果疼痛持续，说明受伤比较严重。

胫前疼痛是刚开始跑步的新手常常会遇到的问题，引发此症的原因不少，跑步前未做适当的热身、突然增加训练强度、不当的跑姿、在坚硬或倾斜的地形上跑得太多、跑步速度过快、跑量太大或训练安排过于密集等都有可能是诱因。因肌肉或骨骼所受压力超过以往所能承受的压力，所以造成疼痛。有时即使里程很短也会产生疼痛。

一旦出现胫前疼痛，首先用冰敷和按摩治疗受伤部位，尽管冰敷和按摩可能会很痛，但很有效。同时减少跑量，增加休息时间。在更柔软的地面跑步，避免跑斜坡，不要进行速度训练，避免伤势的恶化是最基本的原则。可以将部分训练改为游泳、骑车或其他不会增加下肢负担的运动方式，不仅能够保持身体活动，还可以避免伤势恶化。

如果日常活动有痛感，就不要进行训练了。如果在跑步的前五分钟，胫骨痛感增强，然后又消失，此外在休息和走路时没有痛感，那么一般来说你可以继续进行训练。如果痛感在第二天还没有好转到以前的程度，那么你还需要继续休息。当痛感变得特别集中，出现不止一两次走路不稳的情况，又或者每次锻炼都会引起症状的恶化，那么你必须中止训练。

大多数人可以在受伤的时候采用跑走结合的方式，增加走路的间歇，这样才能让你在继续跑步的同时，损伤慢慢愈合。平时跑步前要做足热身运动，可以针对性地按摩胫骨前肌，让它放松有韧性。

八、脚踝拉伤

脚踝外侧有三条韧带，我们平时正常走路、跑步时，脚踝平衡着身体向下的重量和身体向前的动量，每次落地踏步，脚都会恢复到中间的位置。当发生意外，脚踝出现了过度翻转时，周围的韧带就会因为严重的拉压而受伤，严重的还有可能造成韧带撕裂和骨折。常见的脚踝扭伤是脚掌面向内侧翻，造成踝关节外侧韧带拉伤。较少见的情况是脚掌受力向外翻出导致踝关节内侧韧带受伤。

脚踝扭伤常常是因为跑者在高低不平的路面上跑步而引起的。那些体重较大、脚踝脆弱的人更易发生扭伤，有时候穿着不稳定的鞋子也会令此类受伤风险加大。足球、篮球等横向移动较多的运动比跑步更容易扭伤脚踝。

大多数情况下，若是在跑步过程中出现脚踝扭伤，应马上停下来，将跑步改为走路。如果每走一步都感到疼痛在加剧，最好还是停下来寻求帮助。虽然在受伤的前几分钟，可以忍受疼痛走上一段路，但在受伤的初期一般是无法判断受伤程度的，贸然行动只会加重伤势。

当剧痛已经令你无法支撑自己，除了寻求别人的帮助，也要采取必要的紧急处理措施。比如立即把脚抬高进行冰敷，足球比赛中我们会看到队医会用冰包裹整个脚踝，或是用弹性绷带包扎，给患处增加压力。在压缩和冰敷处理后，每隔2~3个小时就要进行一次冰敷，这样有助于防止大面积的发炎，加速治愈。在包扎几天后，可以用弹性护踝代替弹性绷带来包裹脚踝。

如果经过以上措施脚踝处疼痛还是很厉害，水肿还是很明显，无法正常站立、行走，那么就必须尽快就医了。大多数轻度到中度的脚踝扭伤可以通过休息与保守治疗慢慢恢复，一般2周，最多3~4周即可痊愈。在水肿消退之前，最好不进行运动，虽然你走路的时候有可能不会感到疼痛，但此时再进行运动，愈合过程会变慢甚至终止，会产生更多的创伤。恢复运动时，可以每走一分钟，跑10~15秒，如果只是轻微的一点酸痛感，那说明运动还是安全的。如果感到明显的疼痛，落地姿势也出现明显改变，或运动后出现持续的酸痛，那就要考虑再休息几天。

脚踝痊愈恢复运动的初期阶段，建议戴上弹性护踝，因为在受伤后肌腱和神经的反应速度变得不如从前，再一次发生扭伤的概率非常大。护具会额外给脚踝提供支撑和保护，降低再次受伤的可能性。

如果韧带严重受伤，可能会导致脚踝永久性的不稳定，也非常容易再度扭伤，一般需要接受专业的指导进行康复。

第五节
其他身体机能问题

一、运动过量

坚持跑步对身体肯定是有好处的。但是，跑步也会给身体带来压力，引起炎症和轻微的肌肉撕裂。这需要在每次跑步后都留一点时间来恢复身体，否则跑步带来的好处会大打折扣。跑得太频繁会增加受伤的风险，脚、腿、关节、肌肉会积劳成疾，进而影响运动表现和整体健康。

根据相关科学研究表明：男性跑者每周跑65公里以上，女性跑者每周跑48公里以上，都会导致发生急性损伤的风险增加。像我们经常听到的跟腱炎、髂胫束综合征、足底筋膜炎、应力性骨折等损伤，都属于积累性慢性损伤。每个人的身体恢复能力不一样，要注意身体的反应，一旦出现疲劳、无力、厌烦等情况，就要适时休息一下。

如果出现以下症状，可能是运动过度所致。你可以自我评估以下内容：

1. 身体指数：体重下降过快

这种状况可能是在上次跑步后，没有补充足够的水分，最后身体出现"脱水"症状，除了影响到身体机能外，也会影响到我们的精神状态，还会让下一次的跑步效率大打折扣。

2．静止心率：静止心率提高

"静止心率"其实就是我们还没起床时的心率，可以持续测量一段时间，找出正常值。正常人的心率一般在50~70次/分钟之间，经过长时间的耐力运动训练（如长跑）后，随着心脏的功能提升，每次心脏跳动输出的能量会比训练前大，心率自然随之下降，也就是说，如果训练表现较好的长跑运动员，心率通常都在50~60次/分钟以下。不过，长时间运动下来，如果心率不降反升的话，表示就有"运动过度"的可能。

3．睡眠：没睡好或是睡眠不足

好好睡一觉可以提升"强化肌肉组织"的荷尔蒙，如果连续几夜都没睡好，就会降低免疫系统、运动神经和认知系统的反应速度，这些因素加在一起，对跑步的效率会有很大影响。

4．身体中的水分：尿液的颜色是暗黄色

"暗黄色"的尿液可能代表身体已经"脱水"。当然，暂时的偏黄也可能是受摄入的维生素、补给品或是前一个晚上的食物影响。若连续出现此现象，需要引起重视。一般来说，尿液颜色越深就表示身体越难留住水分，体内的水分不够我们使用，这时候就要赶快补充水分。

5．能量级别：身体衰弱了

当身体的能量储备下降的时候，比如感觉困顿、乏力、没精神的时候，就要停止继续跑步等运动。我们要"诚实"地对待自己的身体。很多"跑步狂魔"常会忽略身体发出的信号，反而加倍锻炼自己，他们认为这会让身体更强壮，但往往事倍功半。

6．情绪状态：变得焦躁不安

当过度训练的时候，身体会释放出一种叫作"皮质醇"的激素，也

就是我们俗称的"压力激素"，当身体的压力增加，它的浓度就会增加，我们会变得易怒和不安。同时，压力也会暂停"多巴胺"的供应，而多巴胺在我们心情不好的时候有稳定情绪、让心情变好的功能。所以心情"焦躁不安"的时候，可能表示身体还没恢复过来。

7．健康状态：生病了

生病或是生理期的时候，需要更多的能量来补充"免疫力"。这种时候，身体没有足够能量修复虚弱的身体，最好暂停运动。

8．疼痛：伤口发炎或正在修复伤口

不管疼痛的原因是来自伤口还是肌肉运动后的酸痛，我们的身体都需要更多时间去恢复，需要更多能量去修复伤口。

9．运动效果：成绩变差了

此处指的成绩是"运动的质量"，而不是运动量和强度，如果觉得自己前一天的跑步感觉很好，那表示有很好的运动质量，但如果感觉浑身不想动，那代表质量较差。"运动表现"也是最直接显示我们身体是否需要休息的指标。

10．血氧浓度：含氧量下降

血液中的含氧量越高表示身体越好，我们血液中的含氧量不低于95%都是正常值。有新研究显示，血氧浓度越低，则表示我们需要更多休息复原的时间。

如果出现上述情况，那就抛开你的跑步计划，好好休息。这样你体内的"压力荷尔蒙"——皮质醇的含量就会减少。而如果这种物质增多，就会引起不安、疲惫、失眠等症状，从而降低跑步对身体的益处。

二、恶心和呕吐

有些人在比赛前经常会有恶心的感觉，这是因为紧张引起的。当人的情绪紧张或焦虑时，体内的肾上腺素就会上升，从而引起血液流向的改变，使本来流向消化系统的血液流向肌肉系统，而本来应该运转的消化系统只能停止工作。紧张还会引起腹部肌肉内的张力，这种压力就会导致你腹部内的食物上下翻腾，因此会有恶心和想要呕吐的感觉。

所以应该在赛前放松心情，合理设定自己的比赛目标，不要给自己太大的压力。将焦虑的情绪转换为积极向上的动力，和朋友聊聊天，转移自己的注意力，你可以尝试各种办法让自己调整到最佳状态。一般来说，可以多参加几次比赛，当你有一定的经验积累后，紧张焦虑感自然会降低很多。一名成熟的跑者，面对大小赛事都能镇定自若，这也是训练和成长的一部分。

在比赛当中，脱水、炎热、体能消耗过快、紧张焦虑、高海拔、错误的食物都会引起恶心和呕吐。另外有研究指出，在比赛前吃消炎药可能和耐力比赛中的呕吐也有关。所以，可以试着不要在赛前吃消炎药。

杰出的美国中长跑选手瑞安·霍尔（Ryan Hall）说："不要尝试新食物，比赛当天最好就吃你熟悉的食物。尤其是去国外比赛，一定要避免尝试之前没有吃过的食物。你根本不知道你的肠胃能不能接受那些奇奇怪怪的食物。"

在平时的训练中就要试验所有你在比赛中要吃的东西，搞清楚进食的时机和肠胃系统的承受能力。当你吃完东西，消化的时候，要先走一段，不要跑。应当随身携带食物，养成随时补充能量的习惯，而不是一次性吃很多。感到恶心时可以降低整体配速，不要让体能消耗过快。如果在比赛中吃能量棒或能量胶，要接着喝点水，而不是运动饮料。因为能量胶和运动饮料里面都含有大量的糖，肚子里面糖分太多的话会使你恶心呕吐。

当你感到肠胃不适的时候，如果补给站有热饮或热汤，可以喝一些，会有效缓解胃部不适。

当恶心和呕吐袭来的时候，你可能会感觉一点也不想吃喝，但这个时候反而一定要强迫自己吃点东西。长时间空腹很容易导致肠胃系统罢工。能量不断消耗但又得不到补充，会让身体变得越来越疲惫乏力。不管是精神上还是身体上都会感觉很糟糕，身心俱疲。如果补给站有热饮或热汤，吃一些热食可以有效缓解胃部不适。或者也可以选择一些让你觉得舒服的清淡食品，比如新鲜的香蕉、西瓜与桃子、咸味小点心、面包等。含有碳酸的饮料也许是不错的选择，这些饮料的气泡能让人打着嗝释放压力。总之，你必须要让你的肠胃中有足够的食物，来提供能量。

三、腹泻

与恶心呕吐一样，腹泻产生的原因除了和饮食有关，还与运动有关。长时间奔跑会使得身体向运动中的肌肉输送更多血液，肠道的血液流量就减少了，从而影响肠道吸收，导致腹泻。加上比赛带来的压力和兴奋，也会加大腹泻发生的概率。

对于有些跑者来说，腹泻有明确的原因，可能是赛前吃了不该吃的，喝了不该喝的。但对于另外一些跑者来说，腹泻的原因并不会那么明显。如果是这样那就要尽力通过各个细节去预防腹泻。

（1）不管是赛事当天，还是赛前一周，都不要尝试之前未接触过的食物，这点已经在其他章节反复强调了。

（2）高纤维的食物（常见的有豆类、水果、蔬菜、谷物）会促进肠道蠕动。这会让你在赛道上频繁产生便意，因此赛前应尽量少吃高纤维食物。

（3）糖醇会引起腹泻。无糖口香糖、糖果以及乳糖（牛奶中的糖）中都含有糖醇。在比赛前要限制含有糖醇的食物的摄入。

（4）脱水也会引起腹泻，因此不要等到感到口渴了才补水，需要定时定量进行补水。要注意一下咖啡因，有些人在喝了含有咖啡因的饮料后会产生便意。这是因为咖啡因有利尿的作用，并且可能会刺激排便。在赛前就应该知道自己是否对咖啡因过敏。

（5）如果训练中出现腹泻，则应根据这一周内的食物重新进行排查，可以通过再次吃大量的可疑食物来观察，从而确定出导致腹泻的食物。比如，不喝牛奶就没有腹泻，而喝很多牛奶就出现腹泻，那么答案就很明显：少喝牛奶。

（6）如果担心训练或者比赛中腹泻，可以携带一些止泻药。但是止泻药只是应急之用，如果出现经常性腹泻，那么最好咨询专业的医生，来解决根本性的问题。

最后，关于"中国胃"出国比赛的终极解决方案，那就只能是平时有意识多尝试各类西餐菜品，特别是生冷食物、熏肉与乳制品，提高肠胃对食物的兼容性。想要在陌生环境中跑好，饮食兼容性这一关必须得过，毕竟不可能自带所有食物。现在网购发达，异域食材还是比较容易买到的。

四、脱水

脱水又称失水，其本质是体液的流失：

轻度脱水：失水量约占体重的2%~3%。

中度脱水：失水量约占体重的3%~6%。

重度脱水：失水量约占体重的6%以上。

　　轻度脱水时常见的症状有口渴、尿液减少、有氧耐力降低；中度脱水时可能出现脱水综合征，表现为严重口渴、心率加快、体温升高、血压下降、运动能力下降、易疲劳；重度脱水则会继续出现恶心、厌食、易怒、肌肉抽搐、幻觉、谵妄、昏迷等症状。

　　所以当你在跑步中感觉口渴时，其实体液流失量已经至少达到体重的2%。因此，跑步中千万不要等到口渴了再喝水，在训练或比赛中也不能仅凭是否口渴的感觉来判断是否脱水。最简单易行的方法是通过尿液颜色和尿量来判断，如下图所示：

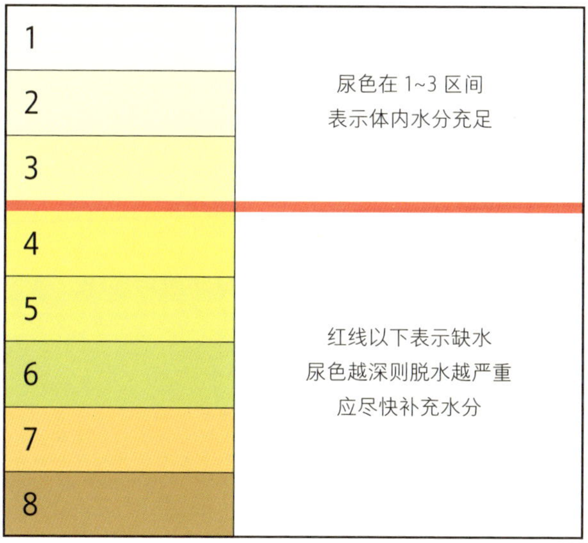

1	
2	尿色在 1~3 区间
3	表示体内水分充足
4	
5	红线以下表示缺水
6	尿色越深则脱水越严重
7	应尽快补充水分
8	

　　当尿量充足且颜色较浅时，说明身体的水合状态良好。当尿量减少且颜色加深时，说明身体出现了脱水。如果已经出现脱水，最重要的是及时补充丢失的体液。轻度脱水时以肠胃道补液为首选措施，重度脱水时则需要从静脉补给。

在运动中一定要注意补水，预防脱水，预防比脱水后再补救重要得多。运动中补水的几个原则是：

（1）不以是否口渴作为补水的依据。养成定量补水的习惯，随身携带水壶，提升补水的频率。

（2）少量多次补水。每隔15~30分钟补水100~300毫升，或每2~3公里补水100~200毫升。以800毫升/小时为最大限。

（3）如运动超过60分钟则需要补充含电解质和糖分的液体。

虽然在长距离的越野跑中进行了补水，但大多数情况下补水量依然会少于体液的丢失量，因此在运动后要继续补充液体——含电解质和糖分的液体，而不是纯水。如果补充的是纯水，那么会导致血浆渗透压降低，从而增加尿量，机体的复水过程会延缓。纯水还会稀释胃液，影响食欲与消化。

运动后补液量应根据体重减轻的量来确定。体重每减少0.45公斤，补液750毫升。运动结束后的10分钟内，是肌肉和细胞补充营养的窗口期，同时也能够降低核心温度、恢复肌糖原、重建肌肉组织。

五、抽筋

《跑者世界》（*Runner's World*）杂志主编杰夫·盖洛威（Jeff Galloway）认为：大多数抽筋源于肌肉的过度使用。肌肉长时间地连续收缩、放松或突然间的强烈收缩，均会导致肌肉的收缩与放松的协调关系遭到破坏，从而引起肌肉痉挛。

发生抽筋的时间点也能够反映出训练水平的高低。如果平时的训练量不够，肌肉抵抗连续收缩与放松的阈值就会偏低。人家跑个全马都没事，你可能跑个5公里、10公里就已经达到临界点了，于是抽筋就随之而来了。所以，如果你要报名参加一场长距离比赛，那么针对性地增加跑量是最基本的专项训练。否则，抽筋是不可避免的。

肌肉疲劳是抽筋的本质，另外抽筋还与下面几个因素有关：

（1）电解质流失

长时间运动或者在高温下运动，大量出汗导致体内的钠、钾、钙等电解质流失，体内的电解质平衡紊乱，就会导致抽筋。解决方法就是及时补充含电解质的饮料、口服盐丸等。

（2）寒冷

在寒冷的天气中跑步，肌肉受到寒冷的刺激后，会造成肌肉强直性收缩，从而引起肌肉痉挛。解决方法就是，在跑前做好充分的热身，让肌肉适应当下的温度。如果实在太冷了，那就为腿部做好保温措施，比如穿一条保暖紧身裤再跑。

（3）肌肉损伤

研究显示，运动性肌肉损伤后，钙离子会进入细胞内膜，而钙离子是肌肉收缩的关键因子。当细胞内钙离子浓度增高，就会使肌肉纤维失控，产生无效的收缩，从而引起肌肉痉挛。这种情况在马拉松比赛中较为常见。很多跑者带伤跑步，最终会引发抽筋，连走路都困难。

当抽筋发生后，很多人会求助于赛道边的医护人员喷云南白药、"好得快"等喷雾剂。以至于每次比赛到了后程，喷雾剂都是全面告急。其实，这种喷雾剂的主要作用就在于喷上去的凉感，也就是达到一个瞬间冰敷的效果，虽然有些喷雾的确含有一定的镇痛成分，但只要过了这个劲儿，就几乎没什么用了。

很多跑者都会在比赛中经历至少一次的抽筋，马拉松比赛中，抽筋的选手更是比比皆是。抽筋其实是一种肌肉的收缩，常常发生在小腿肌肉和脚上。大多数抽筋导致的疼痛是可以忍受的，但也有严重到令肌肉"暂停"程度的抽筋，即使停止运动也会感到很痛。轻柔地按摩有助于放松肌肉，减缓疼痛。一般来说，抽筋时不建议拉伸，因为拉伸往往会加重抽筋所带来的损伤，伤害到肌肉纤维。

如果跑步中发生抽筋，建议停止跑步或降低速度。长时间的跑步会令抽筋的概率上升，可以在长跑途中穿插着走一会儿，这样能有效降低抽筋的可能性或避免抽筋。天气炎热的时候，及时补充电解质饮料有助于补充体液，恢复体内的电解质水平。也可以在跑步过程中补充盐丸，由于其体积很小，便于携带，所以受到很多耐力跑选手的欢迎。

关于如何预防抽筋，下面再给出几点建议：

• 在跑前用较长时间进行热身，做较温和的拉伸动作，让身体慢慢进入运动状态。

• 把一次长跑分为几个阶段，每个阶段之间用走路代替跑步，让肌肉有恢复的时间。

• 降低速度，跑得更加缓和些，降低运动强度。

• 天气炎热、潮湿时缩短跑步的距离，不安排大强度的训练。

• 如果跑步距离较长，可以在途中补充电解质饮料或盐丸，不要等口渴了才想起喝水。

• 跑步时不要经常进行跳跃，以免给腿部肌肉增加不必要的压力。

• 速度训练的间歇和休息时，多走路。

对于跑者来说，要防止抽筋，关键还是要提高自己腿部肌肉的耐力，只有你的肌肉能够承受这个强度的运动量，才能从根本上解决抽筋问题。也就是说平时要积极训练，让肌肉去适应运动强度和疲劳度，简单地说要让肌肉的耐力变得更好，那它就不会在关键时候掉链子了。

第九章
知名越野跑选手的
独门秘籍

国内篇

国外篇

第一节
国内篇

王晓林

他用时四天三夜，只睡2小时，自导航完成江南330测试赛。他四次征战意大利"巨人之旅"，创造了国内跑者的最好成绩。他在100天内四次前往美国，完成美国越野跑大满贯。他三次完成中国最难荒漠越野赛——八百流沙，并获得过两次团队冠军。他蝉联两届珠峰135英里极限赛冠军，连续7年拿下港百"小金人"。创造以上传奇成绩的便是越野跑圈的一位传奇人物——王晓林。

从一二十公里，到三百多公里，王晓林已经跑了大大小小几十场越野赛，比赛中什么险恶的状况都经历过。经历了国内外十几场百英里比赛后，他早已摸清了百英里越野之"道"。

（1）跑量是基础，越扎实越好

跑步是最纯粹、最实在的运动，没有任何捷径可言，一切成绩就靠汗水说话。虽然在众人面前常是一副嘻嘻哈哈的形象，但是王晓林在幕后付出的汗水也是惊人的。在他看来，要完成越野百公里跑，最基本的要求是：至少能轻松完成全马，每周跑量至少能达到100公里。

轻松完成全马的含义是：配速、完赛时间这些都不重要，关键是全程中基本能保持跑的状态，而且到终点后，身上没有什么疼痛受伤的地方，感觉力气还源源不断，还想再接着跑。

周跑量100公里的含义是：一周跑几次不重要，关键是要求每次跑完后身体没有不适，没有任何关节或肌腱疼痛。下次再跑时，感觉身体没有太大的疲倦，而且身上没有任何伤痛的部位。

能够做到以上两点，他觉得对于跑百公里来说，最基本的跑量基础就足够了。至少在跑百公里的赛程中，能够感觉不那么艰难，整个过程不会过于煎熬。

（2）关于跑步姿势

很多人都认为前脚掌落地是高级跑法，但从能量守恒角度考虑，减少落地的冲击才是要点。为了减少冲击，一方面要善于控制自己的步伐与发力，跑步的时候身体上下垂直变化越小越好。另一方面需要核心躯干保持稳定，左右摆动幅度不能太大。

保持身体稳定，尽量将力量用在身体的水平前进上。多余付出的无用功只会对身体造成不必要的冲击与伤害。要提高跑步的效率，就要学会花更少的力气跑更远的路。这需要多跑，慢慢总结。坚持下去，就会感觉跑得越来越轻松。

（3）高效呼吸，事半功倍

要想判断一个人的跑步水平，一方面可以在他身后观察他跑步的姿势，另一方面可以在他的身旁听他跑步时的喘息声。掌控好呼吸，对于提高跑步表现很有必要。

跑步呼吸的第一个要点是，要按节奏呼吸。一定要养成按步伐来呼吸的习惯，二步一吸，或者三步一吸，根据自己的情况掌控呼吸。开始要多练，步伐与呼吸相互配合。到后面就习惯了，通过潜意识，身体就会主动地把呼吸与步伐配合上。

第二点，呼吸一定要深。要用肋间肌、膈肌来发力进行呼吸。不要很浅地随意吸口气就吐出，这样做的话很多气量是在呼吸道中，没有真正进入肺部，呼吸的效率不高。

高效的呼吸保证了源源不断的氧气供给，这样肌肉才能在高效状态中工作。

（4）打造自己的肠胃

肠胃能力对于越野跑而言相当重要。因为一般长距离越野跑都要跑一整天，有副"铁胃"是必需的。长距离越野跑，身体一直在跑动中，血液主要集中在下肢，肠胃消化能力也要比平时弱很多。如果肠胃有问题，吃不下东西，那再能跑也是白搭。

比赛中的吃也非常讲究，不能因为跑饿了，冲进补给站就乱吃一通。平时训练时，就要注意总结自己的肠胃喜欢接纳什么食物，什么东西吃下去肠胃比较适应，没有什么大的不良反应。同时，也要注意去训练自己的肠胃适应比赛中的一些常见补给品。

（5）适合自己的，才是最好的装备

越野跑不同于路跑，需要的技术装备更多。但装备不是越贵越好。记住一点，只有最适合自己的装备，才是最好的装备。一定要根据自己的实际情况去选择装备——只选对的，不选贵的。可以先多问问其他跑友使用某一装备时的感觉，再根据自己的情况去选择。

每次参加比赛，先看组委会的赛事规则，规定的强制装备一定要带齐，这是对组织方负责，也是对自己负责。登山杖一般不属于强制装备，可以根据自己的实际情况，以及赛道的地理条件、天气等因素去考虑是否携带。

（6）注意天气

比赛时的天气状况非常重要。每次参赛前，看一下当地的天气情况，根据天气准备好相应的装备。

越野跑是"看天吃饭"，对于任何坏天气导致的坏情况都要有心理准备。比如，天气恶劣，比赛的难度就成倍增加，心理上就要做好苦战的预期。如果遭遇极端天气，组委会改变线路，或者提前终止比赛，对于这样沮丧的情况都要平常心对待。毕竟组委会是要把选手们的安全放在第一位，组委会的安排是所有选手必须遵守的。

高碧波

　　她是跑过十场以上百英里比赛的过来人，她是美国越野大满贯女子冠军，还是越野跑书籍《超马指南》的翻译者。她，就是生活在美国的中国籍跑者高碧波。针对自己最为熟悉的高速赛道代表型比赛——江南百英里，高碧波写了一篇"武功秘籍"，分享于此。

　　对于准备参加江南百英里比赛的跑友们来说，以下六点对于备赛而言相当重要：

　　（1）耐力训练

　　作为百英里赛事，耐力训练自然是王道，高碧波的秘籍是八字箴言："背靠背，慢速是王道。"通过有氧心率慢跑背靠背拉长距离，既能提高自己的耐力，也能让身体在背靠背中学会尽快恢复。一般来说，准备一场百英里，意味着每周的训练距离要达到130公里以上。

　　（2）肠胃和补给训练

　　民以食为天，肠胃能力的考验是百英里必须面对的坎。首先，建议大家养成少食多餐的习惯，另外，针对性地训练吃比赛补给食物也很重要。

如果时间接近比赛日期，来不及训练，也可以尝试一些预防肠胃问题发生的方法。比如，在赛前服用一片非处方的抗酸药。它能中和胃酸，延缓胃灼热感。最重要的一点就是不要等到饿了才去吃，不要等到渴了才去喝。

（3）针对性训练

主要是针对比赛的路况和环境进行训练。如果有条件，尽可能找一个和比赛场地类似的场地进行拉练。江南的天气潮湿，所以需要模拟一些潮湿环境中的训练，并检验你的装备。比如穿吸湿排汗材料的衣服，携带一件轻量的防风防雨外套或者冲锋衣。

（4）夜跑训练

在没有自然光线的环境里跑上一段时间，能帮助模拟在赛事中夜跑的真实情况，也是检验头灯装备的最好机会。在夜间跑步训练中不要去追求速度和效率，我们需要在不同的路段学习调整头灯，在亮度、重量和续航时间长中寻找平衡。也可以佩戴腰灯，让视线更清晰。

（5）加强恢复能力

在为百英里进行紧锣密鼓训练的过程中，我们需要加快身体恢复的能力，最重要的就是让身体得到充分的休息。高碧波有一个独门秘籍，便是运动后去游泳池中交替拉伸和放松性游泳，放松之后第二天就可以继续进行长距离拉练。

（6）装备

所有的越野跑装备中，高碧波最在意的是鞋子。你需要一双足够信任的鞋子，而在百英里赛事中，你可能需要好几双鞋子。高碧波一般是在赛段的前半程穿一双轻量型的鞋子，然后在赛段的后半程穿缓冲型的鞋子。

赵家驹

1995年出生的赵家驹，是一名越野跑顶尖高手，ITRA表现分高达916分，他是首位夺得斯巴达勇士赛超级赛（Spartan Super Race）冠军的中国人，也是亚洲顶级荒漠越野赛——八百流沙极限赛亚军，创下了最年轻完赛选手年龄纪录。

2014年，自从他看到了杭马的宣传标语"跑过风景跑过你"，跑步这项运动就在不经意间跃进了他的生活。于是，他开始跑步送外卖，一边工作赚取生活费，一边开始跑步训练。直到2018年，他加入探路者飞越队，一举夺得八百流沙极限赛亚军，在国内越野跑圈刻下了自己的名字。

日常，他将训练当作是一场游戏，到风景秀丽的地方跑步，看到合适的地方就去打拳或者攀爬，有台阶就跑台阶或者单腿跳。他会根据场地因地制宜地进行训练，不会把训练变得枯燥乏味。

但一切都是服务于提高他的身体综合素质：一是要训练出超强的耐力；二是要训练出超强的意志力；三是要训练出超强的综合素质；四是速度训练。赵家驹之所以采用异于常人的训练方法，更是因为他的目标与常人不同——越野赛世界冠军、斯巴达障碍赛世界冠军、超级马拉松世界冠军，这些都是赵家驹的"小目标"。

为了这一系列目标，他搭建了专属于自己的训练体系。对于超马而言，需要的是持续输出的耐力与持久的意志力；对于越野赛而言，需要更快的速度与应对不同路况的能力，要求力量与速度的均衡兼备；对于斯巴达障碍赛来说，则更加考验一个人身体的综合素质。赵家驹将自己形容为一个不停斗争的战士，千锤百炼地打磨自己的身体与意志力，然后发挥出最大能量。

随着时间推进，他在超长距离越野赛中发挥出了自身的优势，2020年，在"一个人的江南百英里"赛道纪录挑战赛中，他创造了18小时35分45秒的全新赛道纪录。他认为，长距离越野赛中最重要的是及时地补给，首先需要有一个强大的胃，将摄入的营养快速吸收，转化为身体的能量，及时供能。其次是心性的磨炼，当精神世界层面的意志力非常强大时，就比别人更加能够坚持，这就是超长距离越野赛的秘诀。

向付召

热血的山城姑娘，甜美的"阿拉蕾"，在跑圈里，她是"大神"一般的存在，更是中国越野跑女子领军人物，集颜值内涵于一身，集越野技

能与赛事奖牌于满怀，她，就是向付召。

如今，她已是百英里级别ITRA积分女子第一，在百英里赛场上大显身手。

向付召的跑步之路从大学开始，当过"篮球宝贝"，跳过健美操，还当过体育老师。

2015年，向付召参加张掖百公里，夺得季军，天赋初显；2016年，在武隆百公里首次夺冠后，向付召打开了她的夺冠之路；在2016—2020年这四年的时间里，向付召参加了各种大大小小的比赛，并多次荣获冠军。

2019年，她成为环富士山超级越野赛（FUJI）历史上首位亚洲籍女子冠军；2021年，她参加泰国UTMB并夺得女子组冠军，她的成绩甚至还打破了往年的男子纪录；2022年，她取得了中国女子选手在环勃朗峰超级越野赛（UTMB）的最佳成绩——第7名。

在比赛中，向付召常能够展现出超强的下坡技能，这大概与她从小生活在重庆有着很大的关系。山多、坡多、坎坎多的重庆，山在城中，城在山中，开窗见山，出门爬坡。重庆人好像天生都会下坡，普遍下坡水平都很高。在平时训练中，向付召会特意在通过性差的路线上训练，当她第一次越野跑下坡时，就发现自己比很多人快，她的下坡是放松的，是在调整，为上坡和平路准备好充足的体能。

面对大家的虚心求教，向付召认为她的下坡能力好像是天生的，每次下坡主要依靠身体的重心和惯性在跑，也需要身体的灵活性。整个动作是很流畅的，就像是用脚弹钢琴一样，踩着音乐的节点，就像是她以前跳健美操时找鼓点一样，只要找到鼓点，跳起来就很有节奏，这对她来说是一个很享受的过程。

除了与生俱来的下坡技术，在补给方面，她也不断地学习与优化，在比赛中尝试找到适合自己的补给方法。补给以自己熟悉的食物为主，也会准备一些不同种类的补给供自己选择。

同时，作为一名越野跑运动员，向付召认为心态很关键，需要会控制自己。如果在平时训练和每一场比赛中都保持很拼的状态，会导致身体预支过多，可能之后很难保持竞技状态，所以必须了解自己的身体和能力，只要量和强度适当，就还会有提升的空间。

向付召说："我们中国越野跑起步和发展较晚，所以说发展空间还很大，只要保护好自己，以后会有更多更好的发展机会。"

顾海燕

纵观国内越野跑圈，有一位从清华大学走出来的素来低调的"越野女神"——顾海燕。从2015年至今，顾海燕已完成了十余场长距离大爬升的百公里、百英里越野赛，并在多场世界顶级越野赛中取得佳绩。说到完成长距离越野赛的"法宝"，她借用《复仇者联盟》里的六颗无限原石作为比喻：

（1）力量宝石：秣马厉兵

越野跑这项运动既不同于马拉松，也不同于徒步，需要结合自身条件、赛段条件和补给点换装点的条件，分段做好规划和准备。长距离越野跑是将跑动、走动、跳跃、攀爬这些动作进行排列组合，持续时间较长的一项耐力运动，跑是基本的，但光跑是不够的，体能训练也必不可少。

（2）时间宝石：敬惜天时

同一段越野赛道在不同的季节、天气、时间里会呈现不同的模样。选手需要事先了解起跑时间、查看天气预报，借此安排赛前休息、估计夜跑路段、预测天气影响。另外，需要通过运筹规划，合理安排，缩短完赛时间。

（3）空间宝石：因地制宜

赛前了解赛道情况，根据组委会提供的高程图和路书，对比赛难度和体能技术需要有个大致估计，进行赛程推演。行进中结合实际路况，调整补给使用和分段配速计划。即便赛程中有路标也要下载官方轨迹，以备路标遭遇损坏或指示不清时查看。借助地势变化，调整跑走姿态，选择最适应地形的发力方法，节省体力消耗，在比赛过程中实现肌肉轮换休息。

（4）灵魂宝石：信念坚定

长距离越野赛时间长、距离远，对于不习惯吃苦受累的现代人来说，除了在物质体能上做好准备，要克服困难、抵达终点还需要有意志力的支持。为了坚定信念，可以在赛前看些相关的传记书籍、影视作品来打鸡血。

（5）现实宝石：随机应变

越野跑时身处的环境既简单又复杂，事先准备得再充分，漫长的比赛过程中也可能有意外发生。保持耳聪目明，头脑清醒，遇事莫慌，沉着应变很重要。

（6）心灵宝石：心态平和

心态放松，不愠不火，不骄不躁，戒急用忍，有助于平安完赛。每次踏上起点时不是要打响一场人与人的战役，而是开始一次人与山川的约会，但求天时地利人和，珍惜相聚，快乐相处。

李海丰

李海丰，一个兼具马拉松速度和越野跑能力的"跑圈大神"。他是工作中的商界老板，生活里的"跑圈狂人"。四十不惑的他，马拉松最好成绩为2小时36分。

2017年担任交大安泰A队队长，带领队伍在第十二届商学院戈壁挑战赛中无悬念夺冠；2018年再战玄奘之路A+组别（不间断、自补给、自导航），同样将冠军收入囊中；12小时完赛港百，见证了他在亚洲顶级越野赛事中的速度；27小时完赛UTMB，昭示了他在世界越野跑圣殿中的不懈坚持。

跑步七年以来，李海丰始终坚持每周训练，每个月的跑量稳定在400

公里左右，而一旦赛事临近，跑量曲线图立马升至峰值。他把比赛当作刺激他训练的一剂良药，而不是单纯为了追求名次。

作为2017交大安泰EMBA戈12A队队长，李海丰和所有A队队员一样坚持着，为了提高自己的速度，他始终进行着近乎严苛的训练和监督。在商学院教练的带领下，李海丰和队员们维持着严格的训练周期计划。一般是周一、周五休息，周二、周三、周四慢跑训练，周末进行背靠背的长距离训练。正因如此，交大在强队如林的戈壁挑战赛中笑到最后，一举夺得了冠军。

经营一家公司的他，常常从工作中抽出时间来练习，而这也恰恰源于爱人的信任和支持。在低调沉稳的李海丰看来，业余跑者全马PB236的意义，不仅仅在于冲线的一时荣耀，更在于平日里默不作声的扎实训练。

吴狄

他是吴狄，浙江大学毕业，目前在华盛顿州立大学担任助理教授职位。他是学生眼里严谨治学的化工系教授，也是越野赛上严格自律的严

肃型跑者，更是家庭生活中无微不至的关怀型父亲，在紧凑的学习工作生活中，展开了人生的另一种活法。

吴狄从5周岁就开始跑步。小学五年级，他参加了第一次校内比赛，距离1500米。初中时，作为田径队的一员，他每天从五点开始训练，春夏秋冬从不间断，迟到了还会被罚跑圈。大学毕业来到美国以后，生活相对简单，他开始维持平均每天15公里左右的跑量，紧接着便跑了人生中第一个马拉松。

2013年，吴狄抽中了中签率不足2%的西部100参赛资格，借着这个机遇开始尝试跑美国大满贯，如果统计没有错误，他是第一个尝试大满贯的中国国籍选手。他在当年完成了Western States 100（用时23小时44分）、Vermont 100（用时20小时24分）、Wasatch Front 100（用时32小时52分）。在Leadville 100中，他经历了夜间失温，最终遗憾退赛。

从本科至今，吴狄深耕化工领域，对他来说，跑步和学术研究的本质并无分别，他深知跑步是耐心了解自己的一种途径，无畏的坚持违背了跑步的初衷，只有在了解自己状态和周围环境的情况下，力所能及的坚持才是长久跑步的内在动力。

作为一名化工系教授，他时常会用化学思维拆解越野跑，他说："无论是越野还是路跑，我们都是在做自己这座'化工厂'的总工程师。"跑龄已有30余年的他一向以严谨的态度对待跑步，以3~6个月的系统计划严格执行赛前训练，同时，通过化工学科基础的"三传一反"来思考越野跑进行中的身体反应。

他指出"三传"非常重要，我们可以这样理解：
• 心跳管理（动量传递）：心跳管理是每个跑者中控室中最重要的环节，我们必须关注心脏的异常情况。

• 控温（热量传递）：跑步过程中，体温过高和过低都是致命的因素。

• 补充各种养分（质量传递）：跑步中损失的，我们都要即时补回来，保持身体的平衡运转。

当经历一场长距离越野跑后，我们可以对自己在身体和精神上的弱点了解得更加透彻，所以，尽管已经具有多年的越野跑经验，并身处越野跑发展机制完备的美国，吴狄还是对越野跑心存敬畏和期待，在大自然面前，我们显得太过渺小，唯一能够避免风险的，便是灵活缜密的理智。

DNF只是一张未完成的凭证，比DNF更为重要的是，我们正在有力地活着，有实现一切梦想的机会。

第二节
国外篇

关家良一

日本跑者关家良一在25岁就开启了跑步之旅，期间创下过两次希腊斯巴达超马冠军、九次东吴24小时超马赛冠军（其中在2005—2012年为八连冠）、4次IAU世锦赛冠军等一系列奇迹般的成绩。25岁时的他只是

想通过跑步减肥的机械加工厂工人，谁曾想过20多年后他会一步一步跑成日本乃至亚洲超马的旗帜。

跑步，在各方面带给他成长与改变，程度大到连他自己和周围的人都感到惊讶。有次长距离比赛后，他跛着脚在工厂里走路，稍微笑一下腹肌就无比疼痛，上下楼梯还得抓住扶手。社长看到他的样子，不禁羡慕地说："可以再选择一次的话，我也想学你这样的人生。"

他曾说："不要把跑步当作是'很特别的事'，而是要把它看成是'生活的一部分'，让身体去习惯它是很重要的。"对跑者来说，是否对跑步着迷不是看他跑得有多快，也不是看他跑得有多远，而是看跑步是否已经融入生活，成为生活的一部分。

没有人天生是戴着皇冠出生的，即便是人气最高的明星跑者，在赛道上也会经历各种困难与问题，而恰恰是这些经历让他明白，跑步就是人生，会有失败，会有鲜花与掌声，而一切都会归于平淡。跑步是最公平的，第一次参赛的选手也好，久经沙场的老将也罢，即便是像关家良一这种屡屡拿冠的明星跑者，当身处起跑线时，赛道从不因你是谁而给你不一样的待遇。

生活中同样经历过波折，到最后历经赛道和生活的试炼，关家良一成了我们今天大家眼中看到的一个谦和不失平稳、亲近不失气质的跑者。在赛道上，他会主动退到队伍后方，去扶持那些随时可能会倒下的跑者，他用自己在赛道上留下的温情告诉别人：这，就是王者风范！

关家良一曾出版过多本关于跑步的书籍：《跑步教我的王者风范》《放慢速度的勇气：关家良一的超马道》《跑步胜者的100项修炼》，他希望将自己的跑步经验、感受、技术传授给更多的跑步爱好者。

石川弘树

石川弘树是日本越野赛殿堂级人物，他也是日本著名赛事信越五岳越野赛的赛事总监、日本第一位越野跑职业跑者、第一位参加欧洲著名越野赛UTMB的日本选手、第一位在四个月内跑完四场美国百英里越野赛的亚洲跑者。

拥有丰富参赛经验的石川弘树，在吸收了欧美越野跑经验的同时，融入"户外运动让每个人都快乐"这一理念，在日本户外运动中推广兼有娱乐性和竞技性的越野跑。他建立了独有的赛事体系，并将这套体系带到信越五岳这一赛事中。

信越五岳越野赛至今仍是日本首屈一指的越野跑赛事，并是日本唯一一个允许陪跑的比赛，日本信越五岳越野赛在新潟县妙高市举办，它包括百英里与百公里两个组别。

第一届信越五岳越野赛是日本主要赛事中第一次出现超过100公里的长距离竞赛。为了将北美的越野跑氛围和快乐带给所有的参赛选手，而并不只是满足顶级选手之间的互相竞争，石川弘树在信越五岳越野赛中加入了协助点和伴跑者这一辅助系统。

设置伴跑者的初衷就是，一个人完成不了的事就让两个人来想办法完成，同时选手在和伴跑者一起冲过终点后的感觉会比一个人独自完赛更喜悦。

博赛特夫妇

杰克·博赛特（Jacky Boisset）与太太玛丽安·博赛特（Myriam Guillot-Boisset），是法国籍的职业户外运动员，他们在世界各地参加越野探险赛、Xterra户外铁人三项赛、越野跑赛和障碍赛等比赛，几乎每次参赛必能上台领奖。此外，丈夫还是妻子的教练和康复师。

在赛场之外，这对夫妇的生活方式非常独特，同样是众人关注的焦点。第一，他们是严格的素食者，严格到拒绝一切动物来源的食材和加工过的食品，基本只吃生蔬菜和水果。第二，他们在气候宜人、景色美丽的西班牙属加那利群岛安家落户，置办了几个集装箱和若干太阳能电池板，改装成环保别墅；他们还买下一个小庄园来种植果蔬，并且基本做到了食物自给；同时还自己动手搭建了练习攀岩和障碍赛的训练设施。

只要不外出旅行参赛，他们过的完全就是当代"桃花源"一样的日子，每天数小时的多项训练，极有规律地作息、饮食、劳动、阅读，周而复始。淳朴友好的线下社交小圈子基本限于左邻右舍之间。

当他们参加需要自备餐食的越野探险赛时，同样会尽量坚持严格素食，他们会选择源自植物和不刺激肠胃的非油炸食品。他们的饮食结构主要由80%的水果和20%的蔬菜构成，基本是生吃的，偶尔吃些螺旋藻和玛卡果，不需要额外营养片。唯一的不便，似乎就是吃的食物分量要更多一些。比如：早餐吃1.5公斤木瓜；午餐吃1公斤香蕉；晚餐吃一大份果蔬沙拉。

他们对每天的饮食做了详细记录，研究如何通过严格的健康素食和自产食物来获得均衡和充足的营养。杰克认为："简单生活，简单饮食。越是拥抱亲近自然的生活方式，你就越能变得强大。关于吃，我们的目标，不只是为了比赛，更多的是享受长寿和美好生活。"为了向更多人宣传环保生活的理念，他们在参赛之余，还发起了环境公益宣讲项目。

作为职业户外运动员，他们的建议是，不要过多依赖运动饮料、电解质片、能量胶和能量棒等含糖分极多的运动食品，尽量多吃干净卫生的蔬菜和水果。参加一切户外耐力赛事，必须要了解环境风险和自身的避险能力，这样才能理性地做出取舍判断。另外，距离越长的比赛，越是不要过早加速，要尽量平均分配体力，后发制胜。

基利安·约内特（K天王）

来自西班牙的基利安·约内特（Kilian Jornet）是全世界越野跑者心中的头号偶像，被中国跑友尊称为"K天王"。他是当之无愧的地表最强山地跑者，至今无人能够超越。2020年，西班牙著名体育媒体《马卡报》评出了百大21世纪最佳男运动员榜单，"K天王"位列第20，评选的理由是："山顶上的达·芬奇，一个关于越野跑和高山滑雪的神话，没有极限。"

"K天王"有多强？不说那些琳琅满目的冠军头衔，简单地说，只要有他参加的越野跑比赛，他就是最快的那个。从2005年第一次参加比赛开始，"K天王"几乎赢得了所有赛事的冠军。这种快不是与第二名之间的你追我赶，而是1个小时甚至更大的差距。冠军毫无悬念，人们讨论的只是亚军将会比"K天王"晚到多少时间。

在他看来，并不存在神奇的训练计划，也没有一个训练计划对每个人都行之有效，身体对训练强度的适应性以及运动表现的提高，来自重复的训练刺激，并且要让这些对身体的刺激变得更适应于不同阶段的自己。

要保持对不同时间下自己身体条件的高度关注，研究自己的训练计划和训练强度如何能对自己的身体起到正向刺激作用。如果一段时间的训练后，刺激已失效，则要考虑更改训练计划。关注训练的同时，更要关注自己在训练日间隙的身体恢复情况，如果身体难以从长时间超负荷的训练中恢复，则容易导致伤病。

关于如何制定训练计划，"K天王"首先会尝试分析自己的优势和弱点（从生理角度、心理角度、新陈代谢角度分析）。多年来，他一直在摸索一套适合个人的训练方法。这套方法可以精准地让他逐步适应、提高，而不受伤。"例如，我知道我可以在Z2和Z3区间完成极大的训练量，但如果连续几周做过多的速度训练（Z4和Z5区间），我就会受伤，并且新陈代谢效率也会降低，而对于其他运动员来说，可能情况恰恰相反。"

在目前这套方法的基础上，他会做一些小的修改，使训练更有效率，并且能够年复一年地提高，在过去15年期间，能够始终让他保持最好的运动表现。

安德雷·霍瑟

安德雷·霍瑟（Andrea Huser），是来自瑞士锡格里斯维尔的康复护士和精英级户外运动员，她是2017年超级越野跑世界巡回赛女子冠军。她在年轻时曾是一位优秀的山地自行车和户外三项赛运动员，从2013年开始，才逐渐把参赛重点放在山地跑步上。凭借极为出色和稳定的表现，她已经成为名副其实的"冠军收割机"。

在她的眼中，越野跑是一项自由自在的运动。"我喜欢边欣赏多变的风景边运动。我属于'慢热'，优势在于耐力。"许多入门跑者望而生畏，认为这是一项完成不了的艰难征途，而她给出的建议是积少成多，先难后易，带着娱乐游玩的态度去跑。

"下山一定要多跑，这样才能让肌肉适应。遇到技术地形，目视前方，用轻快小步通过。此外，去野外跑步，要携带必要的物件，比如保暖头带、手套，防风防雨服装，更别忘了带食品和水。"

霍瑟在比赛中表现强劲，仅在2017年，在她参加的16场山地越野跑比赛中，就获得了至少7个冠军头衔，其中包括国际越野跑世界巡回赛的3个赛事冠军。她是如何快速适应新环境，然后获得比赛的最佳表现的呢？她分享了个人的参赛经验，比如：尽量找与比赛接近的天气或地形去训练；如果要去湿热的地方参赛，可以去桑拿房里适应；尽量选择起降时间合适的航班来抵消时差的扰动。

霍瑟平时的训练频率很高，夏天每周跑四五次，距离合计40~60公里，累计爬升约3000米，此外，休息和力量训练各占据一天。另外，训练中包含了许多爬升与下降的内容，每周还有1~2次的山地车骑行。而训练中最重要的单元，当属比赛前三周的长距离跑，以及随后的减量调整。平日里，霍瑟的最长单次训练时间接近9个小时，但是速度会比参赛时慢一些，以舒服为原则。

可惜的是，2020年冬季，霍瑟不幸在训练中意外坠亡。

丹羽薫

（Shintaro Mitsui 拍摄）

　　秀美娇小的丹羽薰穿上正装，与其他职场女性并没有任何区别。然而，换上跑步行头，她就变身为亚洲最好的女性百英里极限越野跑运动员——没有"之一"。

　　在2012年之前，丹羽薰酷爱滑雪，为了能够更大程度上提高自己的滑雪能力，她开始训练自己的徒步爬坡能力，将越野跑作为在夏季保持体能的辅助训练。此外，她特别喜欢小狗，越野跑是唯一可以带着小狗一起进行的运动。

　　丹羽薰最喜欢的是在风景绝美之地举办的百英里级别比赛，并且赛道风格越是狂野，她玩得越开心尽兴。在性别观念至今比较保守的东亚国家，她完全称得上女性参与极限运动的先驱人物，而她也分享了个人的秘籍，可以给女性跑者更多借鉴。

作为一名滑雪爱好者，丹羽薰认为滑雪能够锻炼身体的平衡调整能力，与越野跑是很好的相互补充。她一般依据当前的体能状态和身心感受安排训练内容，每次的训练时长在2~10小时。在训练中，她将越野跑、路跑和跑步机练习交替进行，比例大约是70%的越野跑和30%的路跑/跑步机训练。

运动饮食方面，丹羽薰热爱美食并且擅长制作各类荤素美食，甜土豆是她非常喜爱的比赛食物，同时她每天还吃一些奇亚籽。不过，丹羽薰对某些食材过敏，所以她非常注意回避过敏原，也不吃不太熟悉的东西。

如果必须使用能量胶，她也会选择水果口味且口感类似果冻的那种，因为在她看来，比吸收更重要、却往往被忽视的环节是如何顺利地吃下去。

关于女跑者们最关注的养颜护肤问题，丹羽薰说："我不太关注护肤，尤其是在比赛中。我喜欢泡温泉和香薰，也许是由于对美食的热爱，注重营养均衡，并且长期用摩洛哥坚果油作为身体乳，我并没有在长年累月的雨雪风霜围攻下，越跑越'老'。"

一场长距离比赛过后，丹羽薰会以多吃多睡来进行舒缓，因为比赛对身体代谢甚至免疫系统都会带来一定伤害，通常需要2~3周才能完全恢复，所以，在比赛后的一周里，她会选择彻底放松休息，并进行专门的放松按摩和理疗。

奥宫俊祐

（Sho Fujimaki 拍摄）

在参赛选手与赛事总监这两个身份之间跳转，已经是众多越野跑者的常态。日本的主流比赛，几乎都被贴上了这些跑者总监的性格标签。例如镝木毅主理的环富士山超级越野赛（UTMF）、石川弘树创办的信越五岳，同为精英跑者的奥宫俊祐也同样以跑者的身份转变为赛事总监。2015年，他辞去公司业务员的工作，在说服了太太后，成立了一家名为FunTrails的公司，开始艰苦创业，经营同名系列赛。要知道，当时他的三个孩子还在上小学或中学，家中的经济条件并不宽裕。

在疫情暴发前，奥宫俊祐每年能办四五场FunTrails分站赛，以针对入门级跑者的20~60公里较短距离赛为主。2017年，比赛中出现了一起坠崖身亡的重大安全事故，奥宫俊祐立即宣布中止比赛，他第一时间哀悼、致歉、赔偿，并取得死者家属谅解。随后，比赛对个人安全的要求更加严格，光是强制装备的数量就规定了防雨服装、移动电源与急救包等20余件。

奥宫俊祐出生于1979年，中学时代就是长跑好手，不过，偶尔发作的心脏不适，让他一直没有机会代表学校参赛，成为终生遗憾。他在25岁时做了心脏手术，然后进行更刻苦的训练，很快再度成为跑步好手，在日本各地的山地越野赛中频频获奖。

2005年，奥宫俊祐在著名的日本山岳耐久赛中获得第三名，这是他第一次参加超过马拉松距离的山地越野跑赛。2010年，他的马拉松成绩达到了2小时28分，几乎跑遍了日本当时的各大山地越野赛。2011年，他赴美国参加西部100耐力赛，跑进了17小时，获得全场第13名，是比赛中排名最高的日本选手，也获得了仅次于镝木毅的日本历史第二好成绩；同时在全体亚洲参赛者中，他的表现也称得上是数一数二。

2012年的首届UTMF，奥宫俊祐参加了100英里组别，跑进23小时，获得第7名；此后又多次参加，算是支持镝木毅创业。他3次参加UTMB的170公里组别，最好成绩为2018年的27小时12分。他非常喜欢中国的香港100公里越野赛，从2014年开始，跑了5次，拿了5个金奖，其中3次跑进12小时。2018年，他在信越五岳100英里拿了冠军，作为送给总监石川弘树的礼物。

除了越野跑赛，奥宫俊祐还经常联合赞助商举办FunTrails训练营，让更多人在山里跑起来。

松本大

（Sho Fujimaki 拍摄）

松本大生于1983年，是日本天空跑的领路人。他同时具有顶尖竞技水平和商业赛事管理能力，既能在国际大赛拿冠军，又能连年担任日本天空跑协会的代表理事，是不可多得的全能型人才。

2002年，天空跑世界系列赛（Skyrunner World Series）诞生。2006年，他成为第一位参加了该系列赛并获奖的日本选手。紧接着的2008年，他成为第一个夺冠的日本选手。2012年的系列赛年度积分榜，在各地数千跑者中，他排在第14位，这是第一次有亚洲选手跑进积分榜单。2015年，中国香港首次举办SKY组别的天空跑亚洲锦标赛，松本大成为史上第一个获得冠军头衔的亚洲选手。

在不断在国际大赛获奖，让欧美跑者震惊的同时，他还不忘在日本推广天空跑运动，发起成立了日本天空跑协会。

松本大的家乡在海拔2000多米的日本群马县吾妻郡嬬恋村，在热爱运动的父亲的影响下，他从小就熟悉并逐渐喜欢上登山与滑雪等运动。在读高中时，他数次获得学生登山赛冠军。受日本越野跑教父镝木毅的影响，他逐渐萌生了对山地越野跑的兴趣。2006年，在读研究生期间，他第一次参加了OSJ御岳山天空跑赛（OSJ Ontake Sky Race）并获得了第5名。同场比赛的前4名，可都是来自欧美国家的特邀精英。

2010年，为了让更多人尝试越野跑，他在家乡组织了一支山地运动俱乐部，举办了若干小型赛事。2012年，他辞去从事了4年的教师工作，成为职业跑者。2013年，他与志愿者一起组建了天空跑日本代表队；同年，他发起成立了日本天空跑协会，并于2014年加入国际天空跑联合会。在此期间，他连续两年赢下富士山登山赛。2015年，日本代表队成为第一支进入世界天空跑榜单前10名的亚洲队伍。百忙之中，他还在西班牙举办的2016年天空跑世锦赛中获得第8名的好成绩。

松本大把自己定位为天空跑运动员与越野跑文化的传播者。他早期曾在家乡群马县举办过一个名为"alpine KAZAWA"的小型比赛，大约一半的参与者是儿童。他认为"短距离、短时间、低门槛"的活动，才是孩子们该参与的运动。

这些年来越野跑运动快速发展，也使得无论是登山者还是跑步者，都知道了山地越野跑的存在。不过，它仍是一项小众运动。"低门槛"的一个重要意义，就是便于将越野跑作为一种大众文化去传播，而不是让它被定义为"只有少数人能从事的艰苦运动"。

第十章
主要越野跑
组织和知名赛事

越野跑组织

知名越野跑赛事

中国越野跑旅行路线推荐

环浙步道

第一节
越野跑组织

一、国际越野跑协会（ITRA）

国际越野跑协会（International Trail Running Association，简称 ITRA），是越野跑运动行业中的国际性非营利行业组织。2013年，由UTMB创始人波利提夫妇联合12位成员发起成立，并由UTMB集团的联合创始人、波利提夫妇中的米谢尔·波利提（Michel Poletti）担任主席。2020年4月，波利提宣布因个人原因辞去主席职务。标志着UTMB与ITRA分家的开始。

（一）国际越野跑协会与UTMB的关系

在国际越野跑协会创始之初的14位成员中，其中有10位为波利提夫妇的同事或朋友，因此其自诞生之初便带有浓浓的UTMB烙印。二者在法国的夏慕尼共享办公室，米谢尔·波利提同时参与协会与UTMB的工作。

（二）国际越野跑协会与全球赛事的关系

国际越野跑协会作为行业组织，赛事可缴纳费用并成为其会员。协会对赛事的赛道进行评定，认定 ITRA 积分。2020年4月前，选手通过完成协会积分赛事，可获得 ITRA 积分，用于参加 UTMB 赛事抽签。

（三）国际越野跑协会与跑者的关系

国际越野跑协会制定了选手表现分评价体系（分家后归属 UTMB，目前协会已开发了新的体系），分值为0~1000之间，选手可查询浏览自己的表现分。通俗来讲，表现分是用来衡量选手的运动能力、运动表现的参照系统。目前，不少赛事也将协会表现分作为划分精英跑者的参考，如有的比赛将协会表现分男子750分以上的选手定义为精英选手，可获得免抽签或免报名费的资格。

（四）国际越野跑协会与世界田联的关系

越野跑是世界田联的13个体育项目之一，国际越野跑协会是世界田联唯一认可的越野跑运动代表机构。

二、国际超级马拉松协会（IAU）

国际超级马拉松协会（International Association of Ultra Runners，简称IAU），协会成立于1980年，1985年举办了第一届世界锦标赛，1988年成为世界田联（原国际田联）下属的单项协会，负责各国超级马拉松赛事的认证、管理等工作。在通俗意义上讲，超过马拉松距离（42.195公里）的赛事都可认为是超级马拉松即超跑赛事。如今有许多的长距离越野跑赛事，与超级马拉松存在重合。

三、世界山地跑步协会（WMRA）

世界山地跑步协会（World Mountain Running Association，简称WMRA），成立于1984年。1985年举办了第一届世界山地跑步杯比赛。2002年，世界田联（原国际田联）正式承认该比赛为国际赛事，2009年更名为世界山地跑锦标赛。

四、国际天空跑协会（ISF）

国际天空跑协会（International Skyrunning Federation，简称ISF），是天空跑赛事的世界管理机构。与其他机构不同，它不是行业组织，只是赛事管理机构。

第二节
知名越野跑赛事

一、国内篇

越野跑的文化及赛事经过这些年的发展已经遍布全国，下面以赛事是否具有独特性、历史性、参赛人数等为标准，推荐一些国内知名的越野跑赛事。

1. 香港100越野赛

香港100（Hong Kong 100）是亚太地区最知名、最富竞争力和流行海外的越野跑赛事之一，它也是国际越野跑世界巡回赛的成员之一。

香港100以温暖、有趣以及友好的赛事氛围为赛事亮点，来自世界各地的参赛选手和志愿者们聚集在一起，共同参加越野跑的周末庆典，分享彼此的情谊。比赛强调以真实价值观（真实、谦逊、公平竞争、尊重、团结）为基础的运动员精神，并强烈倡导越野跑赛事的环保性和可持续发展。

2. 江南百英里

江南百英里是江南100系列赛之一，曾入选"2020年国内最具影响力的十大越野赛"。比赛起终点位于浙江省宁波市奉化区溪口镇。赛道横跨宁波、绍兴两大地区，穿越奉化区、海曙区、余姚市、嵊州市4个县级区域，途经溪口镇、四明山镇、章水镇、大岚镇、北漳镇5个乡镇，主赛道在有着七千年河姆渡文化的华夏远古文明发源地——四明山。赛道全程168公里，7200米累积爬升，48小时关门，以"不设限"为口号，期许"出将入相"的跑将，在江南遇见非凡的自己。

作为高速赛道，赛道可跑性强，累计共1213人在江南百英里完赛。同时，这是一条竞技水平超高的赛道，创造了18小时24分23秒的赛道纪录，并诞生了10位24小时内完赛的"OneDay跑将"。赛道的独特之处是兼顾了自然与人文，江南跑将沿途穿越38个江南古村，于马头墙下跨汀步、溯溪流，邂逅最美樱花赛道。

3. 江南之巅·天空越野赛

江南之巅是江南100系列赛之一，曾入选"2020年国内最具影响力的十大越野赛"。赛道脱胎于有着"华东第一虐"之称的"千八线"，串联了4座海拔超过1800米的山峰，被称为"全球最难百公里"。赛道全程103公里、12000米累积爬升，平均坡度大于11.6%，得到了国际天空跑协会（ISF）的认证，成为全球Skyrunning天空跑在浙江省的唯一一站。35小时关门时间，ITRA高山系数达到超纪录的15。2018年、2020年的完赛率分别是29%与29.5%，这是一场风格纯粹的硬派越野，如需传奇，值此一役！

江南之巅以"不怕，才会赢"为体育精神，用浙江龙泉山水重新定义"全球最难百公里"为办赛理念，终结了关于世界百公里最大爬升的讨论。在浙江屋脊一窥中国山脉的无限可能，这是向世界发出的召唤。

4．TNF100越野跑系列赛

TNF100越野跑系列赛拥有悠久的历史，清晰的赛事定位和专业化的赛事运营最终催生了TNF100安全的竞赛环境和首屈一指的参赛体验。

2008年，The North Face Pace在亚太地区正式推出TNF100越野跑挑战赛系列。

2009年，首届"TNF100北京国际越野跑挑战赛"在北京市昌平区居庸关长城脚下发枪起跑，成了中国第一个超长距离的百公里越野赛。

2015年，"汇跑赛事"接手TNF100中国地区的组织和运营，赋予赛事新的使命，打造"你人生的第一场越野赛"。

2017年，在国内新增设TNF100长白山、TNF100莫干山，在传承TNF100历史血脉的同时，又赋予了赛事新生的力量，为越野跑爱好者开辟了全新的参赛体验。

2018年，TNF100正式成为与中国田径协会共同主办的系列赛事。北京、长白山、莫干山、成都、秦岭、广州的六站TNF100，不仅让越野跑爱好者有了更加多元化的选择，也从地理上在中国的东南西北全面开花。

2021年，国内越野赛行业调整优化。在疫情防控下，安全至上。得益于成熟的赛事运营体系及赛事执行能力，TNF100莫干山于2021年5月22日在浙江省德清县莫干山成功举办，成为2021年在国内举办的唯一一场大型越野跑赛事。

TNF100因专业的赛事安全保障系统、与世界接轨的赛事内容设计，多年来得到了国内外众多选手的喜爱和追随，成为业内口碑最好的赛事之一。

5．崇礼168国际超级越野赛

夏季是北半球一年中温度最高的时候，但此时的崇礼却有着难得的凉爽。河北省张家口市崇礼区是休闲避暑的天然氧吧，同时也是夏季山地户外活动的圣地。2017年，三夫户外携手崇礼区人民政府打开了冬奥小镇崇礼的越野之门，在这片白桦林和松林透迤蜿蜒，天然高山草甸绵延不绝的大地上，崇礼168超级越野赛跃然而生。崇礼168赛道难度适中，以自然生态下的山径和雪道为主，非常适合速度型选手的发挥。而且赛道景色优美，白天可以尽情欣赏色彩斑斓的鲜花和无边的高原草甸，夜晚头顶则是广袤的璀璨星河，虫鸣声不绝于耳。每年的7月或8月，数以万计的跑者欢聚于此，或奔跑在冬奥会的赛道上，或沿着古长城的遗迹穿越绿草和山丘，与大自然进行着最亲密的接触。

6. 喜马拉雅极限挑战赛

在一场越野赛中，可以观赏到中国最美的山峰——南迦巴瓦峰，中国最壮观的大峡谷——雅鲁藏布大峡谷，以及加拉白垒、色季拉山等景观，这样的比赛一定让人流连忘返。这就是在西藏自治区举行的喜马拉雅极限挑战赛，总奖金高达5.3万美元。

龙血100公里组，平均海拔高达4050米，最高海拔4780米。能在这样高的海拔举办越野赛的，只有喜马拉雅极限挑战赛、环四姑娘山超级越野跑等少数比赛。赛事的起终点设在西藏自治区林芝市鲁朗风景区，与低海拔地区的越野赛相比，不仅高原景观与藏地文化令人耳目一新，而且在参赛选手中，ITRA积分超过800的就有10人，赛出了极高的水平。

7. 宁海越野挑战赛

宁海越野挑战赛起源于2013年，是一项在中国东部山区举行的越野跑赛事。宁海位于浙江省宁波市，400多年前中国古代旅行家徐霞客就是从这里开始了他长达34年、足迹遍布大半个中国的伟大游历。而现在，宁海县有着中国第一条符合国家标准、长达500公里的登山健身步道，无数户外爱好者的足迹踏上了保持着山间天然原始状态的山径。宁海越野挑战赛的赛道就在宁海县西部山区的登山步道上，途经原始森林、溪流、山峦、竹林，选手们可以在比赛中饱览江南自然风光，整个赛事极具原汁原味的山野风格。

8. 柴古唐斯括苍越野赛

柴古唐斯括苍越野赛创办于2015年4月，获评"国家体育产业示范项目"，赛事在浙江省台州市临海市括苍山举行。适逢临海市的多雨时节，赛道湿滑泥泞不堪，甚至出现过因强降水被迫中断的情况，被跑者们戏称为"最难玩泥巴越野赛"。赛事共设115公里、85公里、55公里以及26公里4个组别，参赛人数超过3000人。穿越古城，翻越山地，跑过了紫阳街的人间烟火，跑过了括苍山的朝霞与曙光，跑过了幽静的古村竹海，选手将用脚步丈量临海的古城悠悠风情。

9. 莫干山跑山赛

莫干山跑山赛，由朗途体育和香港100创始团队联合创办，是香港100在中国内地的"姊妹赛"。赛事举办地位于美丽富饶的沪、宁、杭金三角的中心——浙江省德清县莫干山国际旅游度假区。便利的交通、优美的环境和丰富的历史底蕴，跑在莫干山，跑进千古传说。赛事分为8公里、30公里和70公里三个组别。赛事的70公里及30公里赛道通过了国际越野跑协会和UTMB的赛道认证。

10. 环四姑娘山超级越野跑

环四姑娘山超级越野跑，始于2014年，并于每年11月的第一周在四川省阿坝藏族羌族自治州的四姑娘山景区举行。赛道全程无铺装路面，平均海拔超过4200米。首创赛道登顶四姑娘山大峰，结合快速登山和越野跑运动各自特点，倡导参与者学习技术技能和安全山野经验，被誉为全面提升中国越野跑赛事理念的升级版赛事。除了保持传统的35公里、

50公里、75公里、100公里四大组别，还新增了30公里大峰速登组、40公里长穿毕组，整个赛道贯穿于景区双桥沟、长坪沟、海子沟，全程为原生态路面，平均海拔超过4200米。

11. 熊猫超级山径赛

熊猫超级山径赛是国际知名赛事IP，也是国内越野跑赛事中的一颗新星，且规模已居国内甚至国际前列。2019年，成都行知探索文化旅游有限公司与UTMB集团联手邀请了国内百名精英选手参加了熊猫超级山径赛测试赛，并取得圆满成功。2020年，首届熊猫超级山径赛By UTMB在都江堰、汶川两大天府旅游名城成功举办，作为2020年国内唯一的By UTMB赛事，共吸引了近3000名选手参与，规模为2020年UTMB全球系列赛（UTMB World Series）之最。赛事设SPT 330K四姑娘山熊猫组（2~3人团队赛，精英邀请制）、PTC 80K熊猫锦标赛组（5~6人团队赛）、FPT 12K家庭熊猫组（2~3人团队赛）、DPT 168K龙门熊猫组、MPT 106K疯狂熊猫组、KPT 50K功夫熊猫组、LPT 26K迷你熊猫组等7个组别。

二、国外篇

国外越野跑赛事数量众多，此处以积分为依据选取出了多项享誉全球的国外越野跑赛事。

（一）欧洲

1. UTMB

被誉为"世界越野跑高峰"（World Summit of Trail Running）的UTMB，是世界上规模最大的越野跑赛事。它每年为举办地——法国夏慕尼，以及法国、瑞士和意大利三国边境地区贡献30000名游客：其中包括来自世界各地的跑者，以及他们的亲友。UTMB包括40公里（MCC）、

55公里（OCC）、100公里（CCC）、119公里（TDS）、170公里（UTMB）5项个人赛，以及290公里的团队赛（PTL），合计6个组别的比赛。首届UTMB于2003年举行，创办即受到世界各地越野跑者的热烈欢迎，第一届比赛共有700位运动员参加。时至今日，UTMB每年参赛人数已突破万人，已经成了现象级别的国际体育运动品牌，组织者正在全球范围内组织授权合作比赛。

2. 巨人之旅

巨人之旅（Tor Des Geants），是2010年在意大利诞生的200英里级别的山地越野赛，并称得上是国际范围内在这一距离上的最具代表性的赛事，于每年初秋举办，被美国《赫芬顿邮报》（The Huffington Post）评为"地球上十大最艰难的耐力赛"之首。赛道以成熟徒步路线为基础，完整长度是330公里，环绕阿尔卑斯山区的奥斯塔山谷一周，总爬升达24000米，途经25座山峰，其中包括阿尔卑斯山脉四大最瞩目的高峰——勃朗峰（Mont Blanc，4807米）、洛萨峰（Monte Rosa，4637米）、马特峰（Matterhorn，4478米）和大帕拉迪索山（Gran Paradiso，4061米）。海拔区间在330~3300米之间，关门时间只有150小时，也就是6天6小时。从2014年开始，赛事举办年份每年完赛人数大约为四五百人，完赛率约为70%。

3. 安道尔极限越野赛

安道尔极限越野赛（Andorra Ultra Trail Vallnord），以绝美的山地风光、变态的技术难度、惊人的陡升陡降和古老的欧洲文化闻名，是欧洲规模较大的赛事之一。比利牛斯山区的安道尔，是世界上著名的袖珍国家，境内多山，历史悠久，具有独特的自然与人文环境。从难度上看，安道尔越野赛要远远超过UTMB，选手必须在陡峭的乱石堆里上蹿下跳，或是在宽度不到一米的山脊线上踩着石块奔跑，甚至面临坠石多发的危险地带。目前，安道尔越野赛共分为5个组别，分别是230公里EDC、170公里RDC、112公里Mitic、85公里Celestrail和40公里MDC。难度最大的EDC组别为双人组，要求使用GPS自导航。因为路线太过危险艰难，组织者为了选手的安全考虑，设定以团队赛的形式确保强制性互助。除去EDC、RDC组别，其他组别不设资格门槛，跑者一旦感觉无力完成，可以选择临时改线。不过，因为疫情与法律事件双重影响，此项赛事已经永远消失了。

4. 马特峰越野赛

马特峰越野赛（Matterhorn Ultraks）的历史十分久远，雏形可追溯至2005年，通常在夏季举办，是天空跑世界系列赛之一。举办地是瑞士著名的马特峰地区，比赛设有从6公里到49公里的6个个人组别，以及1个接力组别。其中极限组Extreme25公里，累计爬升与下降都达到2876米，海拔高度在1600~3200米之间，关门时间为7小时。赛道上有大量的碎石、冰川峡谷、山地积雪、悬崖山脊等危险路段，甚至必须利用绳索攀登技能，在乱石堆中几乎直上直下。总之，要想夺冠，不光要艺高胆大，还得具备在3小时30分内完成的水平。在极限组之上，马特峰越野赛还有难度更高的49公里组别，累计爬升与累计下降都达到了3600米，关门时间为11小时。

5. 马泰西艾越野赛

马泰西艾越野赛（Skyrace des Matheysins）在法国境内的阿尔卑斯山区举办，通常是每年5月初夏举办。赛道组别包括25公里和42公里组别，其中25公里组别入围天空跑世界系列赛，累计爬升与累计下降2000米，海拔高度在800~2400米之间，关门时间为5小时30分。赛道地形环境十分复杂，有松软平坦的林间小路，也有覆盖白雪的高山悬崖。在危险地段，不但有防止摔伤的保护绳，还有跌落悬崖的防护网。最高难度的42公里天空之旅（Sky Tour）组别，累计爬升与累计下降都达到3200米，海拔高度在800~2100米之间，关门时间为10小时30分。此外，它还设有难度不高的12公里、18公里和儿童跑，让更多人有机会享受远足的乐趣。

6. 特罗姆索越野赛

特罗姆索越野赛（Tromso Skyrace）在挪威北部特罗姆索的峡湾举行，具有独特的冰川地貌。赛事始于2014年，由目前地球上最优秀的山地越野跑运动员"K天王"夫妇发起。赛道极为险峻危险，选手基本都是全球各地的山地越野精英。目前，比赛包括四个组别，每年共有500多人参加。57公里组别是天空跑旗下天空超马（Sky Ultra）系列赛的重头戏，被列为难度最高的第一级难度，达到了4800米累计爬升，海拔区间0~1470米，关门时间为13小时，其中还包括3公里下降1000米的"极虐"路段，顶级跑者可在9小时以内完成。此外，还有32公里（累计爬升2000米）、14公里（累计爬升800米）和2.7公里（累计爬升1000米）三个组别。

（二）亚洲

1. 环富士山超级越野赛

环富士山超级越野赛（UTMF）可以说是日本版的UTMB。每年4月在富士山地区举行，约有500人参加。100英里的总爬升约为8000多米，关门时间为46小时。不过，这个诞生于2011年的比赛，一直命运多舛。首届未能开赛，从2012年至2019年，只举办过6届。开赛的往届赛事，还不止一次因为恶劣天气提前终止。

UTMF是国际越野跑协会及国际越野跑世界巡回赛的重要一站，也是UTMB的"姊妹赛"。UTMF由日本传奇越野跑人物、"山岳之王"镝木毅发起，于2012年成功举办第一届。比赛地点设在日本最著名的"地标"——富士山。该赛事号称具有世界上最严格的环保标准，有包括粪便收集器在内的20多项强制装备要求。为了保护土壤，在一些特殊地段，还要求自行收集粪便带到指定地点，并且不准使用登山杖。在2022年的UTMF中，中国跑者赵家驹荣获全场第一，向付召获得女子冠军，这是中国人在100英里级别越野跑国际大赛中的最高排名。

2. 富士山100

富士山100是由我主理的中国赛事公司江南100举办的海外赛事，不设路标，不设补给，仅提供补水点（可补水、寄存食物、衣物）。不仅是出于环保，更致力于将自然尽可能还原。选手们需自负重，自导航，从零海拔高度出发，抵达3776米的富士山最高点，再经过浅间大社，最后回到海平面。从0米海岸一路上升至3776米，再回归原点，一升一降，天生纯粹。选手既能感悟越野艺术之美，也能寻找今生人间大悦。

3. 林贾尼100

林贾尼100（Rinjani 100）是东南亚赛道"最虐"、完赛最难、规模最大的百公里超级越野赛，该赛道登临林贾尼火山之巅，可以让选手们以最近的距离接触火山口，时刻远眺绝美风光。火山上的高寒与山下的酷热形成鲜明对比，高温和高寒并存，是选手面临的巨大挑战，历届百公里组完赛人数仅5人。这条赛道的ITRA高山系数高达14，使其持续登上世界"最虐"越野赛的榜单，是亚洲极限赛事代表之一。

4. 御岳山100

御岳山100越野赛，始于2008年，举办时间通常为每年7月，是日本OSJ越野联赛的成员之一。御岳山是日本中部本州复合火山，在岐阜县和长野县交界处，最高点剑峰海拔3067米。在日本众多山峰中，其高度和受尊崇程度仅次于富士山。目前，该赛事每年约有10场分站赛。百英里组别设180个名额，累计爬升与下降都大约是5800米，关门时间24小时；百公里组别投放1000个名额，累计爬升与下降都大约是3600米，关门时间20小时。是日本规模较大的山地越野赛之一。

（三）美洲

1. 西部100

西部100（Western States 100-Mile Endurance Run）被誉为全球百英里越野赛的鼻祖，至今已举办51届。赛事始于1974年，一位名叫戈迪·安斯利（Gordy Ainsleigh）的骑手由于马匹受伤，于是干脆打算用双腿跑完百英里。结果，他真的做到了，并且仅仅用时23小时42分，由此催生出美国第一个百英里越野赛。举办地点是在美国的加利福尼亚州，从一处覆盖6月雪的滑雪场出发，终点为一所中学的田径场。就赛道难度而言相对简单，5500米累计爬升，7000米累计下降，但关门时间只有30小时，并且因为海拔落差大，选手需要穿越积雪高地、炽热峡谷，蹚过齐胸深的美国河（American River），体验从10℃到40℃的巨大温差变化。赛事不设强制装备门槛，允许有一位亲友陪伴完成最后的30英里，并且可以安排亲友在指定位置私补。目前，每年只投放不到400个名额，中签率不到5%，可谓一票难求。

2. 硬石100

硬石100（Hardrock 100）可能是世界上平均海拔最高的百英里越野赛，有着超长距离、大爬升、高海拔等多个标签，全长161.7公里，累计爬升/下降约10073米，赛道平均海拔3352米，关门时间48小时。对于普通的越野跑选手来说，登上赛道，便是一次体能的极限考验。从1996年开始，硬石100于每年7月中下旬在美国科罗拉多州的圣胡安山脉的席福顿小镇举行，这里曾是美国在19世纪末到20世纪初的采矿区，以山高路险环境恶劣著称。赛事不设强制装备，允许陪跑，我们熟悉的"K天王"曾经连续四年（2014—2017年）参加硬石100，并且获得了"四连冠"，保持了赛事纪录。此外，赛道线路呈环形，行进方向偶数年为顺时针，奇数年为逆时针，也是一个别出心裁的设置。

3. 莱德维尔100

莱德维尔100英里（Leadville 100），是美国科罗拉多州的经典老牌越野长跑赛，始于1983年。因举办地海拔高度较高，大部分在3000米以上，因此有着"天际赛跑"之称，不过，累计爬升只有4750米，赛道为往返路线。赛事在美国具有较高的认可度，为越野跑超级大满贯（Grand Slam of UltraRunning）五赛联盟的成员之一。中国跑者高碧波、王晓林、罗楚健等曾经完成过莱德维尔100英里，并拿到越野跑超级大满贯头衔。

第三节
中国越野跑旅行路线推荐

微信公众号"越野跑研究所"的主理人陌小帅，也曾是江南100的赛事经理，他曾发起过一个"越野跑路线补完计划"的活动，向广大中国越野跑爱好者征集国内值得推荐的越野跑线路。经过汇总整理，综合地域、景观、安全、地形、交通、特色等各方面因素，挑选出了10条国内优质的越野跑旅行路线。之所以称为"越野跑旅行路线"，是因为这些路线大多远离我们日常居住的城市，我们可在周末或假期之时，规划一次越野跑主题的旅行。10条路线的排名不分先后。

路　　面	山径、台阶、碎石、林道
适宜季节	秋季
距　　离	有数条 20~50 公里路线可供选择
海　　拔	高海拔地区
省　　份	云南
山　　峰	苍山
比　　赛	大理 100
难　　点	高海拔，天气多变，无补给

一、苍山山脊线

苍山位于滇中高原和横断山区交界处，属于云岭山脉，因过去山顶终年积雪不化，故亦被称为点苍山。苍山包括19座山峰，海拔大多位于3500

米以上，最高峰为马龙峰，海拔4122米，每两座山峰之间的山谷有一条溪流，共有18溪。

围绕苍山的越野跑路线主要为苍山九峰、苍山七峰及电视台折返。路线长短不一，难点在于沿途无补给、高海拔影响运动能力、骤然突变的天气。不能用纸面数据去评估苍山越野跑的难度。如果有意跑苍山山脊线，建议与当地伙伴结伴而行，避免个人单独行动。

推荐理由：大理，中国文艺青年的"圣地"，汇聚了许多希望逃脱生活牢笼的怀揣梦想、热爱生活的人。如今，在其文艺底色之上，苍山又为其增添了一抹运动的靓丽色彩。无论跑步、越野跑、骑行或是徒步，大理都是理想的目的地。大理，既能够满足家庭其他成员度假的需求，同时又能够满足个人的运动需求。

二、麦理浩径

麦理浩径是中国香港首条长途远足径，之后又陆续建设了3条，共计4条长途远足径，也就是如今"四径"的由来。麦理浩径与其他路线不同，几乎全程均为硬化路面，包含了土路、公路以及大量的台阶路段。

麦理浩径启用于1979年，全长100公里，累计爬升4500米以上，共

路　　面	公路、山径、台阶、林道
适宜季节	四季
距　　离	10~100 公里
海　　拔	低海拔地区
省　　份	中国香港
山　　峰	大帽山等
比　　赛	HK100
难　　点	无特别的难点

分10段，从东向西横贯中国香港，由起点出发，向东南奔向大海。一路山海相伴，途经号称亚洲最美沙滩之一的大浪湾。之后转入山野，登马鞍山一览西贡海景，穿狮子山山脊，俯瞰九龙及港岛景致。后转入大帽山，登中国香港最高峰，之后一路西行过蜿蜒水塘，直至平原地区的屯门。

推荐理由：虽然百公里路线有不少，但一条路线能够串联如此丰富的景致与地形，仍属少有。深圳、崂山、大连等沿海城市亦有类似选择，但麦理浩径胜在路线成熟，景观不断在城市与山区之间切换，沿途补给、交通便利，方便下撤。

三、喀纳斯环线

喀纳斯，一个令人魂牵梦绕的名字。《孤独星球》的推荐语是："如果北疆之行只选一个地方，毫无疑问应该是喀纳斯。"喀纳斯湖曾被《中国国家地理》杂志评为"中国最美湖泊"。夏季漫山花海，而秋天的到来，宛如将喀纳斯带入了梦幻的童话世界，起伏的山峦和辽阔的草甸，溪流缓缓流淌，山水相依，亭亭玉立的白桦林、阅尽沧桑的胡杨林，还有似火的枫叶，

路　　面：	牧道、山径、林道、土路
适宜季节：	夏季、秋季
距　　离：	20~330 公里
海　　拔：	低海拔地区
省　　份：	新疆
山　　峰：	阿尔泰山
比　　赛：	喀纳斯 330
难　　点：	沿途人烟稀少，对路线规划、补给安排、紧急情况处理都有极高要求

黄得绚丽，红得耀眼，雪白的雾气与彩林、宝蓝色的河水碰撞在一起，让人如临仙境。

喀纳斯的风景主要由喀纳斯河与喀纳斯湖构成，皆被阿尔泰山下的原始森林包裹着，禾木村一直是摄影师的"宠儿"，原始森林、村落、溪流、民族风情为遗世独立的喀纳斯增添了一抹人文风情。

在国内的越野跑比赛中，喀纳斯330一直是王冠上的明珠，不止因其距离，更因其令人难以忘怀的景致。但比赛一直是在夏季举办，并非喀纳斯最美的季节。如选择秋季前往，可选择传统徒步路线，如从白哈巴村到禾木村的50公里路线，或贾登峪—三河交汇处—禾木的28公里路

线，喀纳斯—小黑湖—禾木乡的36公里路线，以及更长的哈巴河—那仁牧场—双湖—喀纳斯的70公里路线。

推荐理由：美国有一场高原湖泊转湖比赛——太浩湖330，国内与之类似的便是喀纳斯330。喀纳斯深藏山中，唯有转湖才能领略其全部的美丽。

四、千八线

千八线，因连续穿越浙江省11座海拔在1800米以上的山峰而得名。这些山峰大多属洞宫山脉的支脉。其中黄茅尖海拔1929米，是江浙最高峰，与南面的百山祖遥相呼应，形成了"浙江屋脊"。"千八线"强度大、路程长、线路复杂，在户外界号称"华东第一虐"，是华东经典的徒步穿越路线。

路 面	山径、林道、土路、台阶、碎石路
适宜季节	四季
距 离	50~100公里
海 拔	低海拔地区
省 份	浙江
山 峰	黄茅尖等
比 赛	江南之巅
难 点	规划补给

2018年，江南之巅比赛横空出世，以千八线为蓝本，勾勒了一条百公里爬升达11000米的赛事路线，刷新了百公里最大爬升的纪录，极致的"虐"同样带来了极致的享受。千八线之所以经久不衰，并非单纯因为其"虐"，而是因为其线路一直在山脊上穿越，视野开阔，层峦叠嶂，宛如跑在天空。在众多地形中，我独偏爱山脊线，便是因为其视野辽阔，不受遮挡。

推荐理由：华东地区最具代表性的户外路线。

五、长穿毕

四姑娘山在攀登界的地位远高于其在越野跑世界中的地位。四姑娘山由四座横向排列的山峰组成，从入门级的大峰至"蜀山之后"幺妹，不同水平的高海拔攀登爱好者都能够在这里找到适合自己的线路，许多人在此打开了自己的攀登世界，登上了人生中的首座雪山。攀登之外，这里同样拥有顶级的徒步路线，如长穿毕。

路 面：	山径、林道、土路、牧道
适宜季节：	夏季、秋季
距 离：	40公里
海 拔：	高海拔地区
省 份：	四川
山 峰：	四姑娘山
比 赛：	原环四姑娘山越野赛的组别之一，现已无
难 点：	高海拔地区，无补给点、下撤点

长穿毕，即长坪沟穿越至毕棚沟，被誉为中国十大徒步经典路线之一，这条路线地形丰富、海拔落差大、景观多元，峡谷、森林、溪流、雪山、垭口，应有尽有。

推荐理由：见惯了低海拔的青山绿水，能够有机会在雪山脚下跑一次越野跑，在庞大的山体面前，才会感叹自己是如此地渺小。四姑娘山属于高海拔地区，大多数人会出现高原反应，影响运动能力。建议预留足够的时间适应海拔后再进行尝试。

六、太白山穿越

秦岭是我国南北分界线的中段，被尊为华夏文明的龙脉。而太白山为秦岭主峰，主峰拔仙台海拔3771.2米。

秦岭恰好在一个临界点上，是中央造山带和南北构造带的交汇处，陡

路 面：	山径、林道、碎石
适宜季节：	夏季、秋季
距 离：	北穿南45公里，爬升3200米
海 拔：	低海拔地区
省 份：	陕西
山 峰：	太白山
比 赛：	无
难 点：	天气多变，缺少补给点、下撤点

峭的北坡，峡谷峻岭随处可见。夏季使湿润的海洋气流不易深入西北，使北方气候干燥；冬季阻滞寒冷空气的南侵，使汉中盆地、四川盆地少受冷空气侵袭。如此巨大的山体所扰动的气流，也造成了秦岭天气多变、云雾缭绕的特点。

秦岭北坡自下而上有暖温带、温带、寒温带、亚寒带4个气候带，南坡自下而上分为亚热带、暖温带、温带、寒温带、亚寒带5个气候带，南北坡温差很大，能达到6~7℃。由北向南穿越，一路可由地貌与植被直观感受植物的垂直分布。北南穿越不只是路线的方向由北到南，在地理意义上，亦是由北方抵达了南方。

推荐理由：路线北南纵向穿越，由低海拔缓慢爬升至高海拔，然后下撤至低海拔，对于担心在高海拔地区会有高原反应的伙伴们来说，可以很大程度减缓高原反应所带来的危险性，同时也能体验到高海拔对于运动能力造成的影响。太白山一日四季的天气变化也使得我们在装备选择和携带上要考虑得更加全面与留有冗量。相信对每一个能够完成这条路线的小伙伴来说，自主越野跑能力都会再提高一个水平。

七、小五连穿（平替版：大五连穿）

北方人对路线的命名就是如此地朴实无华，大五、小五，通俗易懂。小五台，位于河北省蔚县与涿鹿县交界处，也是太行山、燕山与阴山山脉交汇之处，东台海拔2882米，为河北最高峰，同样也是太行主脉上最高的山峰。

路　　面：	山径、林道
适宜季节：	夏季、秋季
距　　离：	45公里，爬升3000米左右（根据不同路线的选择数据也有所差异，仅供参考）
海　　拔：	低海拔地区
省　　份：	河北、山西
山　　峰：	小五台山、五台山
比　　赛：	无
难　　点：	管制

小五台是华北的动植物宝库，整个小五台山上大约有将近1400种高山植物，从山脚向上攀登，能够直观地感受到植物的垂直分布，青杨、落叶松、白桦、红桦、硕桦密布的大片针阔叶混交林，最后穿过低海拔的密林带，便来到了高山草甸。

高山草甸并不算稀有的地形，但小五台的高山草甸则又别有韵味。其山势险峻，视野开阔，层峦叠嶂，夏天高山草甸被花海覆盖，许多人为了金莲花慕名而来，而殊不知，秋天才是小五台最美的季节。

小五台一直是华北地区户外徒步的热门地，有许多路线可供选择，其中的顶级路线便是五台连穿，一条线贯穿东南西北中五座山峰。跑者可以选择不同的起点挑战不同的路线，但大多数路线的距离均在40~50公里之间，爬升距离在3000~3500米之间。最简单的走法为先上南台，后上东台，反之难度会增加一些。

由于小五台现属于国家自然保护区，2016年后未经许可严禁个人进入，因此已不提倡前往。

将目光继续向西北移动，我们会来到文殊菩萨的道场——五台山，俗称大五台，便于与小五台区别。

相比小五台的险峻，大五台更加舒缓与辽阔，无论顺穿还是逆穿，通常起点都为海拔2500米的鸿门岩，这种海拔高度，已难以感受小五台起步阶段的垂直景观变化，只有舒缓的高山草甸。大五台的自然景观相比小五台单调逊色不少，但大五台胜在宗教、人文气息浓厚。北台叶斗峰海拔3058米，为华北最高峰，在到达叶斗峰前会经过一个牌匾，上边写有"华北屋脊"。

大五台为环形路线，通常顺时针为75公里闭环圆形，而逆时针则为C字形，大概50公里。沿途补给便利，随时能够下撤。游人如织，安全系数很高。唯一的难点在于天气多变，需带足保暖与防雨装备。

推荐理由：小五台曾被评为中国十大徒步路线之一，而大五台则是知名的佛教圣地。夏季的大五台与秋季的小五台，都会让你不枉此行。

八、武功山

千峰嵯峨碧玉簪，五岭堪比武功山。观日景如金在冶，游人履步彩云间。

武功山的地形、景色，与五台山略有重复，之所以都放入其中，是因为北方的小伙伴去大五台更方便，而南方的小伙伴则去武功山更为便捷。但武功山在景色方面，又比五台山胜出一筹，且少了喧嚣的游客与飞扬的尘土。

路　面：	山径、林道、台阶、公路
适宜季节：	夏季、秋季
距　离：	45公里，爬升3015米（沈子村-明月山）
海　拔：	低海拔地区
省　份：	江西
山　峰：	武功山
比　赛：	武功山越野赛
难　点：	无明显难点

武功山拥有波浪一般的高山草甸、云海、星空，草甸辽阔得仿佛身处西北，翻滚的云海，梦幻似仙境，夜晚星河灿烂，兼具了江南的婉约柔美与北方的辽阔苍茫。

最经典的路线为从沈子村至明月山，路线成熟，一年四季均有徒步及旅游的人，沿途有住宿及补给。

推荐理由：如果你想看最美的云海，感受天上草原的云卷云舒，那么非去武功山不可。

九、贡嘎转山

贡嘎，蜀山之王，海拔7508.9米，四川省最高峰，也是青藏高原以东的最高峰，迄今登顶人数不过20余人。在《中国国家地理》杂志评选的

"中国最美十大名山"中，贡嘎位列第二，仅次于南迦巴瓦峰。即便放眼世界，贡嘎也是享有盛誉的高山探险圣地和登山圣地，丝毫不逊色于任何8000米级的雪山。

绝大多数人并不具备攀登贡嘎的能力，所以环贡嘎转山便成了徒步爱好者的首选。贡嘎转山路线一直以来都是国内徒步路线中的明星路线，

路　　面：	山径、牧道、土路
适宜季节：	夏季、秋季
距　　离：	75~100 公里（依不同转山路线而定）
海　　拔：	高海拔地区
省　　份：	四川
山　　峰：	贡嘎
比　　赛：	贡嘎 100
难　　点：	高海拔，沿途无补给，天气多变

2015年四川省登协首次在这里举办了环贡嘎百公里比赛。对于越野跑爱好者而言，或许这是以越野跑方式亲近贡嘎的最佳方式。如果选择自行前往，对运动能力、高海拔适应、路线规划、补给方案、应急处理、装备选择、天气应对等都有非常高的要求。

推荐理由：无需任何理由，那可是贡嘎，仅凭这两个字便足矣。

十、梅里转山

这是一条雪山转山路线，梅里雪山主峰卡瓦格博被称为藏区"八大神山"之首。多少人在飞来寺苦苦守候，只为一睹梅里雪山真容。

传统上，梅里雪山的转山路线分为内转和外转，外转路线长达200多公里，其中有大段的公路衔接，选择的人并不是很多。大多数人选择的转山路线为内转，距离60~70公里，且

路　　面：	山径、牧道、土路、碎石
适宜季节：	夏季、秋季
距　　离：	60~70 公里（可分段多日进行）
海　　拔：	高海拔地区
省　　份：	云南
山　　峰：	梅里
比　　赛：	梅里 100
难　　点：	高海拔，沿途无补给

每日都可回到起点住宿，这样将一条路线拆分为多段后，难度系数降低很多，更易于大家选择。

2015年，当地开始举办梅里雪山极限越野赛，时间为每年的5月份。有兴趣亲近梅里雪山，但又觉得个人独自行动能力不足的小伙伴，可选择参赛的方式，获得足够的安全与补给保障。

推荐理由：因为梅里转山内转路线可拆分多日多段进行，使其成为雪山转山路线中难度系数最低的（相对其他转山路线而言，不要轻视任何一条转山路线），但梅里雪山同样属于高海拔地区，头痛欲裂和呼吸不畅可能会严重影响你的运动能力。

这10条路线可以算作国内非常有代表性的中长距离越野跑路线，此外仍有许多非常令人神往的路线，比如稻城亚丁、玉龙雪山、祁连山、太行山、天目七尖等。很多路线来源于徒步爱好者的开拓与探索，希望能够有越来越多的跑者，用越野跑的方式，重新打开过往只能用重装徒步方式来完成的路线。

第四节
环浙步道

　　浙江省是国家步道建设的先行省，经过三年设计、规划、建设，建成了2300公里"环浙步道"闭环主线，途经10座城市、37个县（市、区），串联起浙江省域的山水景观、古道村落、人文历史，呈现出一幅多彩的诗画江南图景。

　　沿途道路形态丰富，不仅有城市绿道、古道、山道、林道、防火道等，还有极具江南特色的六公里水路设计，途经天目山、千里岗、黄茅尖、白云尖、雁荡山、括苍山、会稽山、莫干山等主要山脉、山峰，跨越钱塘江、瓯江、灵江、甬江、飞云江等主要河流。

　　环浙步道是串联浙江自然、人文和体育资源，充分整合省域内既有山路古道、景区游步道、骑行绿道、健身步道、林道、防火道、户外穿越线路、县乡村共同道路等，按照"以人为本、以找代建、最少干预、勾连成网"的原则，构建形成省内成网、省际畅通的步道系统。

西线

由杭州市清凉峰、湖州市龙王山组成。起点位于杭州市余杭区，余杭的良渚文化是中国文明的起源，西线"零号桩"亦是环浙步道的起点。

东线

包括台州市米筛浪、宁波市青虎湾岗，始于享有"西子风韵，太湖气魄"美誉的宁波市东钱湖，与浙江省海岸线平行，是一条展现浙江山海相融的自然风光线路，线路贯穿了国家步道户外运动"三纵四横"的空间布局。

南线

丽水市黄茅尖、温州市白云尖、衢州市大龙岗是三个极具挑战的户外目的地。始于瓯江入海口，串联"两江一花园"，整体呈东西转南北走向，与安徽接壤。

北线

由绍兴市东白山、嘉兴市高阳山组成，途经国家步道体系，从空间上勾连了三条诗路文化带，分别是大运河文化带、唐诗之路、钱塘江诗路，打通了杭州湾大湾区的主要山水资源。

中线

金华市牛头山和舟山市对峙山则分别体现了绿水青山、东海长廊特色。

环浙步道加入了数字化功能，通过"环浙步道"App结合步道路桩二维码实现打卡、计时功能。用户可以根据预设路段的指定桩号，参与自助式的线下挑战赛、定向赛、登顶打卡等活动，并产生年度、月度各时间段的排名榜单，享受步道运动的互动分享乐趣。此外，App还有一键求救功能，后台能直接看到运动人员所在的位置、海拔、天气情况等，及时进行预警和搜救。

2022年，浙江省体育局在全网发起了"挑战环浙步道"活动，征集挑战队伍，引起全国户外圈广泛关注。最终有来自北京、上海、成都、杭州、温州、宁波、丽水等地的共10支队伍踏上2300公里的征程。参与活动的队伍里藏龙卧虎、大咖云集，很多队员都曾参加过慕士塔格、玉珠峰的攀登及众多百公里山地越野跑比赛。

2023年2月1日起，10支"挑战环浙步道"挑战队伍分别从杭州、宁波、湖州、丽水、温州、舟山等地出发。2月7日，历经7天的艰苦跋涉，宁波·环浙狮子队和杭州市长跑运动协会队在浙江天台县顺利会师。

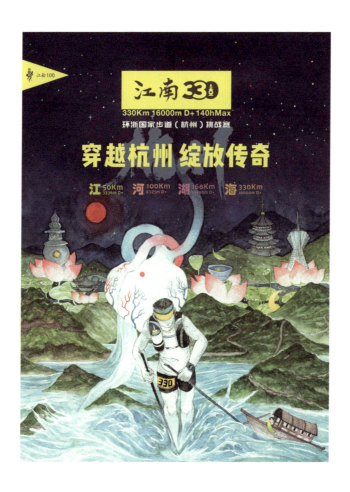

环浙步道2300公里的主线只是第一步，随着各市各县各镇的小圈纷涌接入环浙步道，到2025年将建成总里程为10000公里的环浙步道。江南100赛事团队有幸深度参与，成为"环浙步道"设计方，我也被评选为环浙步道·推广达人。2021年春节，江南330暨环浙国家步道（杭州）挑战赛的举办，更是以环浙步道为依托积极运营开发的系列赛事。未来，江南之巅也将积极引入环浙步道线路赛。

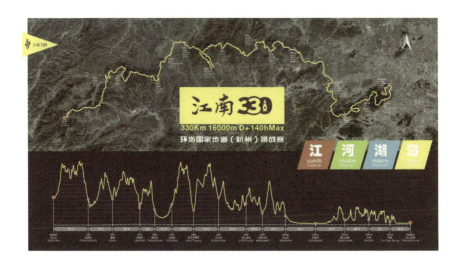

附　录

20周百英里超级越野跑训练计划

本套训练计划来自江南百英里完赛研习社的主讲人高碧波，她是第一个完成美国大满贯的华人女性，有着超过10场百英里赛事的完赛经验，并将百英里完赛时间突破了20小时大关。

本套训练计划专门为各个程度的越野跑爱好者打造。根据不同的参赛人群和比赛目标，共有三套训练计划：完赛计划、进阶计划、精英计划。每个计划的跑量和强度都不相同，可以根据自己的能力和目标各取所需。

各级别训练计划均为期20周，分为三个组成部分：准备基础阶段、高强度阶段、调整放松阶段。

准备基础阶段：类似马拉松训练计划，用以和之前的训练衔接过渡，主要以平路跑提高有氧能力为主。

高强度阶段：细分为三个四周的训练周期，训练强度逐渐增强，同时加入台阶训练、背靠背训练和山地专项训练。在每个周期中间，插入一周低强度训练，用来给高强度训练下的身体修复调整。

调整放松阶段：用于赛前三周，逐步减低跑量和强度，但仍然需要保持适当的训练量来刺激身体的状态。

训练内容包含放松恢复跑、混氧节奏跑、短距离变速间歇跑、台阶训练、长距离训练、力量训练以及山地训练。还包含一些特定的训练：比如夜跑和背靠背训练。

同时，在周二和周四交叉安排了一天两练的训练，这样能够让跑者在工作日更高效率地利用时间，也能够让跑者更灵活地安排当天的训练。比如可以有"一慢一快"的组合，把第一次慢的练习当成热身，或是把第二次慢的练习当成主动恢复的手段，也可以安排两次慢跑来增加跑量，达到提升耐力的效果。在训练计划中期还包含了一个80公里以上的赛事模拟训练，让跑者在体能和心理上都做好对超长距离越野跑的准备。

虽然这是一套百英里的训练计划，但是完全可以向下兼容更短距离的越野跑，各位跑者可以根据自己实际参赛的组别，在强度和跑量上进行调整，然后参考执行。

完赛计划

	周一	周二	周三	周四	周五	周六	周日
第1周	休息	3×1600米变速间歇跑	8公里轻松跑	10公里轻松跑	6公里轻松跑	15公里长距离	力量训练
第2周	休息	6×800米变速间歇跑	8公里轻松跑	12公里轻松跑	6公里轻松跑	18公里长距离	力量训练
第3周	休息	5×1000米变速间歇跑	8公里轻松跑	8公里节奏跑	8公里轻松跑	20公里长距离	力量训练
第4周	休息	12×400米变速间歇跑	10公里轻松跑	8公里轻松跑	8公里轻松跑	22公里长距离	力量训练

	周一	周二	周三	周四	周五	周六	周日
第5周	5公里轻松跑	20分钟台阶训练	10公里轻松跑	12公里一天两练（把训练分为上午和下午两部分）	8公里轻松跑	25公里长距离	力量训练
第6周	5公里轻松跑	12公里一天两练（把训练分为上午和下午两部分）	8公里轻松跑	10公里节奏跑	6公里轻松跑	25公里山地训练	力量训练
第7周	5公里轻松跑	30分钟台阶训练	6公里轻松跑	10公里节奏跑	7公里轻松跑	25公里长距离	15公里长距离
第8周	5公里轻松跑	400+800+1200+1600+1200+800+400米变速间歇跑	8公里轻松跑	15公里一天两练（把训练分为上午和下午两部分）	6公里轻松跑	28公里山地训练	力量训练
第9周	5公里轻松跑	12公里一天两练（把训练分为上午和下午两部分）	6公里轻松跑	10公里轻松跑	6公里轻松跑	15公里长距离	力量训练
第10周	5公里轻松跑	4×1600米变速间歇跑	8公里轻松跑	12公里节奏跑	8公里轻松跑	32公里山地训练	力量训练
第11周	6公里轻松跑	40分钟台阶训练	力量训练	15公里一天两练（把训练分为上午和下午两部分）	5公里轻松跑	30公里长距离	20公里长距离
第12周	5公里轻松跑	3×2400米变速间歇跑	8公里轻松跑	16公里一天两练（把训练分为上午和下午两部分）	5公里轻松跑	32公里山地训练	力量训练

（续）

	周一	周二	周三	周四	周五	周六	周日
第13周	5公里轻松跑	40分钟台阶训练	8公里轻松跑	12公里节奏跑	5公里轻松跑	30公里长距离	力量训练
第14周	5公里轻松跑	14公里一天两练（把训练分为上午和下午两部分）	8公里轻松跑	8公里节奏跑	6公里轻松跑	18公里长距离	力量训练
第15周	6公里轻松跑	50分钟台阶训练	6公里轻松跑	18公里一天两练（把训练分为上午和下午两部分）	5公里轻松跑	32公里山地训练	18公里长距离
第16周	5公里轻松跑	2×4800米变速间歇跑	6公里轻松跑	12公里节奏跑	6公里轻松跑	50公里一天两练（把训练分为上午和下午两部分）	力量训练
第17周	6公里轻松跑	50分钟台阶训练	8公里轻松跑	16公里一天两练（把训练分为上午和下午两部分）	7公里轻松跑	35公里长距离	20公里长距离
第18周	5公里轻松跑	16公里一天两练（把训练分为上午和下午两部分）	8公里轻松跑	12公里节奏跑	6公里轻松跑	35公里山地训练	力量训练
第19周	6公里轻松跑	4×1600米变速间歇跑	6公里轻松跑	10公里节奏跑	7公里轻松跑	21公里轻松跑	力量训练
第20周	5公里轻松跑	5公里轻松跑	休息	6公里节奏跑	6公里轻松跑	15公里轻松跑	休息

	周一	周二	周三	周四	周五	周六	周日
比赛周	8公里轻松跑	6公里轻松跑	4公里轻松跑	3公里轻松跑	休息	比赛	比赛

进阶计划

	周一	周二	周三	周四	周五	周六	周日
第1周	休息	3×1600米变速间歇跑	10公里轻松跑	12公里轻松跑	6公里轻松跑	21公里长距离	力量训练
第2周	休息	6×800米变速间歇跑	10公里轻松跑	15公里轻松跑	6公里轻松跑	25公里长距离	力量训练
第3周	休息	5×1000米变速间歇跑	10公里轻松跑	10公里节奏跑	8公里轻松跑	20公里长距离	力量训练
第4周	休息	12×400米变速间歇跑	12公里轻松跑	10公里节奏跑	8公里轻松跑	25公里长距离	力量训练
第5周	6公里轻松跑	30分钟台阶训练	12公里轻松跑	16公里一天两练（把训练分为上午和下午两部分）	8公里轻松跑	28公里长距离	力量训练
第6周	6公里轻松跑	15公里一天两练（把训练分为上午和下午两部分）	8公里轻松跑	12公里节奏跑	6公里轻松跑	30公里山地训练	力量训练
第7周	6公里轻松跑	45分钟台阶训练	6公里轻松跑	10公里节奏跑	7公里轻松跑	35公里长距离	20公里长距离
第8周	6公里轻松跑	400+800+1200+1600+1200+800+400米变速间歇跑	10公里轻松跑	18公里一天两练（把训练分为上午和下午两部分）	6公里轻松跑	35公里山地训练	力量训练

（续）

	周一	周二	周三	周四	周五	周六	周日
第9周	6公里轻松跑	12公里一天两练（把训练分为上午和下午两部分）	6公里轻松跑	12公里轻松跑	8公里轻松跑	20公里长距离	力量训练
第10周	6公里轻松跑	4×1600米变速间歇跑	10公里轻松跑	15公里节奏跑	8公里轻松跑	40公里山地训练	力量训练
第11周	8公里轻松跑	45分钟台阶训练	力量训练	16公里一天两练（把训练分为上午和下午两部分）	8公里轻松跑	40公里长距离	25公里长距离
第12周	6公里轻松跑	4×2400米变速间歇跑	10公里轻松跑	16公里一天两练（把训练分为上午和下午两部分）	8公里轻松跑	35公里山地训练	力量训练
第13周	8公里轻松跑	45分钟台阶训练	10公里轻松跑	15公里节奏跑	8公里轻松跑	40公里长距离	力量训练
第14周	6公里轻松跑	14公里一天两练（把训练分为上午和下午两部分）	10公里轻松跑	9公里节奏跑	6公里轻松跑	20公里长距离	力量训练
第15周	8公里轻松跑	60分钟台阶训练	8公里轻松跑	18公里一天两练（把训练分为上午和下午两部分）	7公里轻松跑	40公里山地训练	25公里长距离
第16周	6公里轻松跑	2×4800米变速间歇跑	10公里轻松跑	16公里节奏跑	6公里轻松跑	60公里夜跑训练	力量训练

	周一	周二	周三	周四	周五	周六	周日
第17周	8公里轻松跑	60分钟台阶训练	8公里轻松跑	20公里一天两练（把训练分为上午和下午两部分）	7公里轻松跑	40公里长距离	25公里长距离
第18周	6公里轻松跑	16公里一天两练（把训练分为上午和下午两部分）	10公里轻松跑	15公里节奏跑	6公里轻松跑	40公里山地训练	力量训练
第19周	8公里轻松跑	5×1600米变速间歇跑	8公里轻松跑	10公里节奏跑	7公里轻松跑	21公里轻松跑	力量训练
第20周	6公里轻松跑	5公里轻松跑	休息	8公里节奏跑	6公里轻松跑	15公里轻松跑	休息
比赛周	10公里轻松跑	8公里轻松跑	4公里轻松跑	3公里轻松跑	休息	比赛	比赛

精英计划

	周一	周二	周三	周四	周五	周六	周日
第1周	休息	4×1600米变速间歇跑	10公里轻松跑	12公里轻松跑	6公里轻松跑	25公里长距离	力量训练
第2周	休息	8×800米变速间歇跑	10公里轻松跑	15公里轻松跑	8公里轻松跑	25公里长距离	力量训练
第3周	休息	8×1000米变速间歇跑	12公里轻松跑	10公里节奏跑	6公里轻松跑	30公里长距离	力量训练
第4周	休息	16×400米变速间歇跑	12公里轻松跑	10公里节奏跑	6公里轻松跑	30公里长距离	力量训练
第5周	10公里轻松跑	45分钟台阶训练	12公里轻松跑	20公里一天两练（把训练分为上午和下午两部分）	10公里轻松跑	35公里长距离	力量训练

（续）

	周一	周二	周三	周四	周五	周六	周日
第6周	10公里轻松跑	15公里一天两练（把训练分为上午和下午两部分）	8公里轻松跑	12公里节奏跑	8公里轻松跑	42公里山地训练	力量训练
第7周	8公里轻松跑	45分钟台阶训练	6公里轻松跑	15公里节奏跑	7公里轻松跑	40公里长距离	25公里长距离
第8周	8公里轻松跑	400+800+1200+1600+1200+800+400米变速间歇跑	10公里轻松跑	20公里一天两练（把训练分为上午和下午两部分）	8公里轻松跑	45公里山地训练	力量训练
第9周	10公里轻松跑	16公里一天两练（把训练分为上午和下午两部分）	6公里轻松跑	12公里轻松跑	8公里轻松跑	25公里长距离	力量训练
第10周	8公里轻松跑	6×1600米变速间歇跑	10公里轻松跑	15公里节奏跑	8公里轻松跑	55公里山地训练	力量训练
第11周	10公里轻松跑	60分钟台阶训练	力量训练	16公里一天两练（把训练分为上午和下午两部分）	8公里轻松跑	50公里长距离	35公里长距离
第12周	8公里轻松跑	5×2400米变速间歇跑	10公里轻松跑	20公里一天两练（把训练分为上午和下午两部分）	8公里轻松跑	55公里山地训练	力量训练
第13周	8公里轻松跑	60分钟台阶训练	10公里轻松跑	15公里节奏跑	8公里轻松跑	50公里长距离	力量训练

	周一	周二	周三	周四	周五	周六	周日
第14周	6公里轻松跑	18公里一天两练（把训练分为上午和下午两部分）	10公里轻松跑	10公里节奏跑	6公里轻松跑	30公里长距离	力量训练
第15周	8公里轻松跑	75分钟台阶训练	8公里轻松跑	20公里一天两练（把训练分为上午和下午两部分）	7公里轻松跑	50公里山地训练	30公里长距离
第16周	6公里轻松跑	3×4800米变速间歇跑	10公里轻松跑	16公里节奏跑	6公里轻松跑	80公里夜跑训练	力量训练
第17周	8公里轻松跑	75分钟台阶训练	8公里轻松跑	20公里一天两练（把训练分为上午和下午两部分）	7公里轻松跑	50公里长距离	35公里长距离
第18周	6公里轻松跑	20公里一天两练（把训练分为上午和下午两部分）	10公里轻松跑	15公里节奏跑	6公里轻松跑	50公里山地训练	力量训练
第19周	8公里轻松跑	6×1600米变速间歇跑	8公里轻松跑	12公里节奏跑	7公里轻松跑	25公里轻松跑	力量训练
第20周	6公里轻松跑	5公里轻松跑	休息	8公里节奏跑	6公里轻松跑	15公里轻松跑	休息
比赛周	10公里轻松跑	8公里轻松跑	4公里轻松跑	3公里轻松跑	休息	比赛	比赛

　　即使是最短的超马距离，也是漫长而费力的，所以无论你是只想完赛，还是想跑出好成绩，都必须付诸努力，甚至要使出你的洪荒之力。对任何一个计划，持续坚持才是关键。

后　记

经常有人问：那些跑100公里，甚至跑330公里"巨人之旅"的人，他们之所以坚持跑步，到底在坚持什么？

跑步可能是所有大众体育运动中比较无聊的一个项目，既没有足球、篮球团队配合的荣誉感，也没有羽毛球、乒乓球一较高下的技术性，更没有健身、瑜伽发朋友圈的时尚养眼。跑步对于大多数人来说的第一印象就是痛苦大于乐趣。很多时候，独自跑完一段路，跑得气喘吁吁、腿脚酸痛、一身臭汗，是常态。但是我们依然会看到有那么多人在坚持跑步，5年、10年，甚至到了80多岁，还在参加马拉松、百公里越野跑、百英里越野跑。

圈外的人看不明白：他们坚持跑步，到底在坚持什么？我分享一个我的感受。

去年寒冬的一个早上，我所在城市的气温已经降到零度以下，江南的冬季真的是刺骨的阴冷。我还是早起去晨跑，外面天还是黑的。在小区门口碰到一个熟悉的保安，他带着疑惑的口吻和我打招呼："这么冷还去跑步？天还没亮呢！"

我来到日常跑步的江边公园，在温度适宜的季节，这个公园的早晨热闹非凡。但随着气温逐渐下降，晨练者的数量以肉眼可见的速度随着气温一起下降。那一天的清晨，绝大部分时间只有我一个人在慢慢跑步。

甚至整座城市也不会有几个人在这个时间点走出家门，我大概是今天最硬核的跑者之一。想到这里不免有点自豪，我已经战胜了这座城市99%的人。

返程的时候，太阳已经慢慢升起，迎着温暖的阳光跑过去，感觉整个人都在飞，最后一公里的配速也飞了起来。寒气穿过单薄的跑步风衣，全程体温都没上来过，跑完后手脚已然没知觉，用牙齿咬掉手套，把手捂在肚子上几分钟后才慢慢恢复。

在我跑步的日子中，有很多这样的经历，寒风、大雨、酷暑都不会阻止我的脚步，真正改变我的不是跑步本身，而是长期不懈的坚持。当别人还在被窝中时，我已顶着寒风踏上跑道；当别人玩手机时，我在夜色中狂奔；当别人研究养生时，我已经跑完10公里。我想这才是坚持跑步的意义，它让我变成一个有目标可以去追逐，有自律在心中的人。

我坚持跑步已有10多年，从一开始为了健康而跑，到后来为了参加马拉松、百公里而跑，到现在跑步已经成为生活中、工作中必须去做的一件事情。在这个过程中，我收获了健康，改变了精神面貌，甚至成为赛事总监，这些都是很真实的感受。

但是那种克服苦痛、突破极限、对一切释然的感觉，是跑步独有的。对于很多像我一样并不是体育运动优等生的普通人来说，因为跑步的简单纯粹带来的真实深刻，是其他运动无法给予的。

跑步简单，但是坚持跑步不简单，能经年累月做一件同样的事情的人，都是意志力强大的人。不要小看那些坚持跑步的人，10年以后他们就是能比同龄人健康，无论是身体上还是心理上，他们都会更年轻。你去问他们为什么坚持跑步？我想大多数人没有想过这个问题，跑步就像吃饭喝水一样，是生活的必需品，是内心热爱的运动。

跑步是生活压力的一个释放口，是对抗岁月侵袭的良药，而更多的时候只是一种热爱，只有热爱才能坚持始终。这是坚持，也是幸福。

所以，哪里需要这么多奔跑的理由，唯有热爱！

为什么坚持跑步？跑下去，在奔跑的路上，答案自然会给出。

最后，我要感谢很多好朋友，撰写本书的过程中他们给了我很多建议和帮助，分享给我很多他们在比赛中、训练中积累的经验、教训，让本书的内容更加充实、接地气，可以说我是站在这些越野跑精英的肩上才最终完成了这本书。谢谢所有为本书出谋划策、提供资料、四处联系、审核校对……的朋友们！

第一次完成这么巨量的一个文字工作，难免会有很多不足和遗漏，欢迎大家和我交流、给予指正。也欢迎大家参加我主理的江南100系列赛，一起体验"不设限，无极限"。

"江南100"全媒体矩阵：

微信公众号：江南100

视频号：江南100

微博：江南100

抖音：江南100

哔哩哔哩：江南100的农民CPA

葛海标

参考文献

［1］DK PUBLISHING STAFF. The Bma Guide to Sport Injuries[M]. UK: Dorling Kindersley, 2010.

［2］GALLOWAY J, HANNAFORD D. Running Injuries[M]. Germany: Meyer & Meyer Sport, 2009.

［3］跑步指南.跑步指南[M].北京：机械工业出版社，2015.

［4］跑鞋指南.跑步指南[M].北京：机械工业出版社，2017.

［5］曾尉杰.开始越野跑[M].北京：当代中国出版社，2017.

［6］麦克曼纳斯.背包客自助游圣经[M].陈嫔荣，译.杭州：浙江科学技术出版社，2010.

［7］梅茨尔.跑步损伤的预防和恢复[M].鄢峰，乐乐，译.北京：人民邮电出版社，2017.

［8］赛泽，惠特尼.营养学：概念与争论（第13版）[M].王希成，王蕾，译.北京：清华大学出版社，2017.

［9］登山协会，恩格.登山圣经（第八版暨50周年经典纪念版）[M].宋德凯，黄海涛，译.重庆：重庆出版社，2012.

鸣谢

专 业 指 导：林凌、向北

动作拍摄模特：周勤杰

装备拍摄模特：杨阳

江南100比赛照片摄影师：谢威、金小晋、Stay、小龙、孤星、马竹军、
核桃、晚古、初花花、老周、漫步

装备照片摄影师：小麦

插 图 绘 制：李吕杰

书 籍 推 荐 人：李长征、罗锡平、向付召、赵家驹、高碧波、王晓林